IDEAS Y TRUCOS

PARA
DIVERTIR A LOS NIÑOS

IDEAS Y TRUCOS

Joyce Wendell

*T*IDEAS Y *T*RUCOS

PARA

DIVERTIR A LOS NIÑOS

Victor

Si usted desea que le mantengamos informado de nuestras publicaciones, sólo tiene que remitirnos su nombre y dirección, indicando qué temas le interesan, y gustosamente complaceremos su petición.

Ediciones RobinBook
Información Bibliográfica
Aptdo. 94.085 - 08080 Barcelona
E-Mail: Robinbook@abadia.com

© 1997, Ediciones Robinbook, SL.
  Aptdo. 94.085 - 08080 Barcelona.
Diseño cubierta: Regina Richling.
Fotografía: AGE Fotostock.
ISBN: 84-7927-264-3.
Depósito legal: B-44.141-1997.
Impreso por Romanyà Valls, Pça. Verdaguer, 1,
08786 Capellades.

Impreso en España - *Printed in Spain*

*A Paula, con quien espero
seguir jugando siempre*

INTRODUCCIÓN

1. ¡JUGAR NO ES COSA DE NIÑOS!

O por lo menos no es exclusiva de ellos. Que los niños se lo pasan en grande jugando nadie se atreve a ponerlo en duda. Pero que el juego desempeña un importante papel educativo es algo que hasta hace poco tiempo no se valoraba lo suficiente. En la actualidad las investigaciones han llegado a la conclusión de que, independientemente de la forma que adopte, el juego se erige en el método más adecuado, efectivo y divertido que tiene el pequeño para descubrir el mundo que le rodea. Y cuanto más le estimulemos los adultos, tanto desde un punto de vista cuantitativo como cualitativo, y más participemos de sus experiencias, más oportunidades le estaremos dando para desarrollarse como individuo en toda su complejidad.

Desde que nace, el bebé accede a su entorno a través del juego y durante muchos años, sobre todo en la primera infancia, éste se revelará fundamental en la adquisición de conocimientos y experiencias determinantes para su futuro: cuando el niño participa activamente del juego está desarrollando por un lado la creatividad y la imaginación, y por otro un potencial intelectual y físico en proceso de construcción y formación. A ello hay que añadirle la función socializadora de toda actividad lúdica, que permite que el niño se relacione tanto con su entorno más inmediato como con los otros participantes.

Lógicamente el tipo de juego variará en función de la edad y las necesidades del pequeño: el juego motriz de los primeros meses de vida (coger un sonajero, tocar un móvil, etc.), que le enseña a coordinar y controlar sus movimientos, pronto cederá paso al juego simbólico de los primeros años, que exige unas funciones mentales más complejas tales como la representación, la simbolización o la abstracción. Y éste a su vez preparará el camino para las actividades propias de los más mayorcitos, en las que además de potenciar la creatividad y el comportamiento social se integrarán las bases de las funciones superiores propias del hombre, tales como la lectura, la escritura o el cálculo, tan importantes en el posterior desarrollo del individuo. Saber adaptar, por tanto, el tipo de juego a las necesidades del niño según su edad y su capacidad será fundamental para obtener de él el máximo provecho.

Pero, además de aprender, a través de las actividades lúdicas el niño irá forjando su personalidad a la vez que establecerá lazos afectivos con los miembros más próximos a él. Ahí precisamente reside la importancia de la participación de los padres en los juegos de sus hijos. El mundo en el que vivimos nos exige una dedicación casi exclusiva al trabajo y con frecuencia dejamos la educación de nuestros hijos en manos de los profesores y profesionales encargados de su aprendizaje escolar. Aunque es fundamental que los educadores gocen de nuestra confianza, es un error hacerles responsables únicos de la formación de nuestros hijos. Es sabido que la escuela es un entorno determinante en el futuro del niño, pero también es cierto que la familia posee una influencia mucho mayor y que el componente afectivo de la relación padres-hijos es, sin duda alguna, mucho más intenso que el de la relación que puedan mantener los educadores con los muchos alumnos que tienen a su cargo.

Los adultos debemos mentalizarnos de que jugar no es sinónimo de perder el tiempo. Por el contrario, y teniendo en cuenta que el mundo del niño gira en torno al juego, es preciso que los padres aprovechemos este medio para formar a nuestros hijos de una manera divertida y agradable, con la que sin duda obtendremos mejores resultados que con otros métodos aparentemente más serios y eficaces. Asimismo, al jugar y compartir actividades, también compartimos experiencias y sentimientos, lo que favorece la comunicación y repercute de una manera positiva en la relación interpersonal. El tiempo que dediquemos a jugar y a realizar actividades con nuestros hijos fortalecerá el vínculo que establezcamos con ellos: a través del juego podremos descubrir sus necesidades intelectuales o afectivas, saber cómo reaccionan ante las dificultades, conocer su sentido del humor, percatarnos de sus carencias, participar de sus miedos y dudas o ayudarles a resolver problemas.

Sin embargo, al contrario que los maestros, que se ciñen a un programa educativo determinado, los padres deberemos ejercer nuestro papel de una manera más espontánea y con una buena dosis de improvisación, adaptándonos tanto a las necesidades puntuales del niño como al espacio físico en el que nos hallemos. Si nuestro hijo es retraído y tímido será conveniente organizar juegos de grupo en los que se potencien el movimiento, la mímica y la adquisición de roles para favorecer así su relación con el resto de niños, intentando eliminar su inseguridad; pero si por el contrario nuestro hijo es hiperactivo deberemos alternar los juegos de acción (que sin duda serán sus preferidos) con los de relajación en los que se dé prioridad a la actividad mental, tales como los juegos con números o con palabras. Asimismo la elección de las actividades variará en función del espacio en el que éstas se desarrollen: no podremos realizar el mismo tipo de juego en un terreno amplio al aire libre, como pueden ser la playa o la montaña, que en el espacio restringido de una casa o de un coche. Teniendo en cuenta todos estos elementos deberemos escoger los juegos y las actividades que creamos más convenientes en ese momento.

CÓMO UTILIZAR ESTE LIBRO

Este libro está dividido en dos grandes apartados muy diferentes entre sí: «Juegos al aire libre» y «Juegos de interior». Cada uno de estos grandes apartados a su vez está subdividido en varios capítulos más concretos y específicos. Así, los juegos al aire libre están clasificados en juegos de playa, de piscina, de montaña y de nieve, mientras que los juegos de interior (categoría que incluye espacios como una habitación, la casa o el coche) se dividen en manualidades, juegos con música y ruidos, juegos con el lenguaje y con los números, juegos con el cuerpo y la cara, y juegos con la comida. La estructura del libro permite una lectura totalmente arbitraria en función de las necesidades puntuales del momento, lo que facilita la consulta rápida del manual.

Todos los juegos y las actividades aquí sugeridos además de estar orientados a estimular y educar a los pequeños tienen muy en cuenta la diversión del niño. No hay que olvidar que los niños juegan para pasárselo bien y que si esto no se consigue fracasará cualquier intención educativa que se esconda en esos juegos.

Es importante señalar que el contenido del libro se ha centrado en la actividad lúdica propia de niños en edades comprendidas entre los 6 y los 12 años aproximadamente, dejando al margen los primeros años de la infancia y los años de la adolescencia, etapas que por su complejidad requieren un estudio específico aparte.

Finalmente cabe señalar que la mayoría de las actividades elegidas permiten la participación del adulto como director del juego. Esta misión exige por un lado la selección adecuada del juego que se va a desarrollar, por otro la explicación detallada y clara de las reglas del juego con el fin de que éste se lleve a cabo con éxito, y por último la atenta observación del desarrollo del mismo, para solucionar posibles conflictos o dudas que puedan aparecer durante su ejecución. La figura del director del juego no implica mantenerse al margen de las actividades; por el contrario le aconsejamos, siempre que sea posible, participar activamente de los juegos elegidos ya que además de fortalecer la relación con sus hijos se lo pasará realmente bien. Y, sobre todo, recuerde la idea que apuntábamos anteriormente:

¡JUGAR CON SUS HIJOS NO ES SINÓNIMO
DE PERDER EL TIEMPO!

JUEGOS AL AIRE LIBRE

El primer gran apartado de esta obra está dedicado a los juegos de exterior. La mayoría de estos divertimentos están pensados para ser realizados en grupo y por tanto para favorecer una óptima comunicación entre los miembros participantes. Comunicación que en el futuro será fundamental para los niños a fin de desarrollar un comportamiento social aceptable, tanto en un nivel familiar como profesional. La toma de decisiones, la cooperación, la sana competitividad, la sincronización de las diferentes actuaciones individuales, el sentimiento de grupo, la capacidad de adaptación al entorno, la creatividad, la espontaneidad, etc., son cualidades que se adquieren ya desde la más tierna infancia y que influirán decisivamente en la personalidad del pequeño. Un niño solitario con pocas posibilidades de relacionarse y divertirse con amigos sin duda tendrá más dificultades para integrarse en un grupo social determinado que un niño familiarizado con la actividad colectiva. Asimismo casi todos los juegos propuestos permiten la presencia de algún adulto que oficie como animador o moderador. De esta manera las actividades recomendadas también permiten mejorar la relación entre niños y adultos, y acercar así dos mundos que no tienen por qué estar distantes.

I. EN LA PLAYA

Iniciamos el recorrido por los juegos al aire libre con uno de los espacios exteriores que mayores posibilidades de diversión ofrece: la playa. La combinación de arena, sol y agua no sólo resulta idónea para el bronceado y el baño estival, sino que la playa constituye uno de los mejores escenarios para la práctica de algunos de los juegos más divertidos y enriquecedores del comportamiento social y afectivo del niño. No obstante, antes de proceder a la explicación de estas actividades daremos una serie de consejos generales que serán de gran utilidad para los adultos que deban supervisar el desarrollo de estos juegos.

ARENA

Desde el punto de vista del espacio físico, la playa constituye un entorno ideal para la práctica de los más diversos y entretenidos juegos de exterior. Las condiciones que ofrece el contexto natural marino son inmejorables.

17

Uno de los aspectos más remarcables es que la arena presenta una excelente calidad y versatilidad como terreno de juegos: si se necesita un pavimento más blando, habrá que alejarse un tanto de la orilla, donde la arena es más dura; en cambio, si las características del juego exigen un suelo más firme y estable, será preciso acercarse en lo posible a la orilla, donde la humedad marina propicia la dureza del terreno.

Agua

Una gran parte de los juegos en la playa tendrán lugar en el interior del agua. El líquido elemento constituye uno de los espacios mágicos para el juego infantil. Las actividades que proponemos en el libro están pensadas para ser desarrolladas en zonas de poca profundidad que permitan la participación de todos los niños, incluidos aquellos que todavía no dominen las técnicas natatorias. No obstante, será necesaria la supervisión de un adulto, que deberá controlar la dinámica del juego aunque sea sólo visualmente. No hay que olvidar que el mar no deja de ser un espacio sujeto a las leyes de la naturaleza y que éstas son a veces traicioneras. Recuerde siempre que la misión prioritaria de los adultos es velar en todo momento por la seguridad y la integridad física de los pequeños.

♦ Ni las bicicletas son sólo para el verano, ni la playa es sólo para la temporada estival. Cualquier época del año es buena para aprovechar las óptimas condiciones que ofrece la arena como terreno de juego. En cambio, las actividades dentro del agua sí pueden considerarse patrimonio exclusivo de la temporada veraniega.

♦ Es preciso tener muy en cuenta el horario más recomendable para la práctica de los juegos. Para las actividades en la arena, se deben evitar las horas en que la incidencia de los rayos solares es más intensa, esto es, entre la una del mediodía y las cuatro de la tarde. Lo más conveniente es aprovechar las primeras horas de la mañana y las últimas de la tarde, en las que el sol no es muy fuerte y la playa no está muy concurrida.

♦ En cualquier caso, no olvide nunca aplicar cremas protectoras a los pequeños. La exposición solar, unida a la gran actividad física que desarrollan los infantes en sus juegos, puede acarrear problemas como insolaciones o quemaduras.

♦ Asimismo, tenga siempre a mano grandes cantidades de líquido para evitar posibles deshidrataciones. Recuerde en todo momento que la bebida más recomendable y natural es siempre el agua.

♦ Si la actividad se desarrolla en la arena, procure buscar un lugar despejado y tranquilo en el que los pequeños no puedan molestar a los demás.

♦ Inspeccione la calidad de la arena: observe que esté lo suficientemente limpia, sin residuos ni desechos que puedan resultar peligrosos para la seguridad de los niños, y que esté alejada de zonas rocosas y desagües o canalizaciones.

♦ Si la actividad tiene lugar en el interior del agua, inspeccione primero el fondo marino. Pero no se asuste, bastará con que camine por la zona más próxima a la orilla, para cerciorarse de la presencia de posibles hoyos o piedras en el fondo, así como de la existencia de pequeñas y traicioneras corrientes marinas.

♦ Advierta a los pequeños de los riesgos que comporta el mar y de que no deben alejarse de la orilla.

♦ Por último, respete en todo momento las señalizaciones de las autoridades costeras sobre el estado de la mar: debe extremar las precauciones e impedir que los niños jueguen en el agua no sólo con la bandera roja, sino también y muy especialmente con la amarilla.

1. Los castillos de arena

• **Preparación:** conviene tener palas, rastrillos, cubos, palos de helados, conchas, piedras, etc.

• **Finalidad del juego:** desarrollar la creatividad y aprender a trabajar con un material tan moldeable y a la vez tan delicado como la arena.

• **¿Cómo se juega?:** todo el mundo ha hecho alguna vez un castillo de arena en la playa y realmente no existe una técnica adecuada o recomendable para ello; todo depende de la imaginación personal. Los más sencillos, propios de los niños de menor edad, constan únicamente de torres de arena, realizadas con ayuda de los cubos. Pero esos mismos castillos se pueden convertir en auténticas maravillas arquitectónicas si añadimos elementos nuevos como murallas que unan las torres, fosos de agua que rodeen el castillo, almenas y ventanas, pasadizos subterráneos, etc. Si además utilizamos los palos de helados y las conchas o las piedras para adornar y completar la construcción, podemos hacer una verdadera obra de arte que, aunque efímera, nos hará sentir muy orgullosos.

2. En busca del tesoro

• **Preparación:** papel y algo para escribir (para dibujar un mapa del tesoro), algún objeto que queramos esconder y una pala para cavar.

• **Finalidad del juego:** desarrollar el sentido de la orientación espacial.

• **¿Cómo se juega?:** antes de empezar la búsqueda del tesoro escondido, el director del juego (que puede ser un adulto u otro niño) debe enterrar el objeto y realizar el plano que permita a los demás niños localizarlo. Se recomienda esconder algún objeto de poco valor por si acaso el plano no está bien realizado o las características cambiantes de la arena nos hacen perder la orientación espacial. También es preferible guardar el

«tesoro» dentro de una caja o una bolsa para que la humedad que pueda retener la arena no lo estropee. Una vez escondido se deberá dibujar el plano del tesoro. Para ello hay que tomar algún punto de referencia muy concreto de la playa (un chiringuito, una palmera, unas rocas, una barca, etc.) y a partir de ahí idear un recorrido hasta llegar al tesoro: seis pasos hacia delante, dos hacia la derecha, siete hacia la izquierda, dos zancadas nuevamente hacia delante y estás en el sitio indicado. El recorrido se puede hacer más difícil y divertido si obliga a meterse dentro del agua (siempre y cuando las condiciones metereológicas lo permitan).

• **Consejo:** si el grupo de niños es numeroso se puede dividir por equipos y el director del juego puede dibujar dos planos diferentes, que partan de puntos distintos pero lleguen al mismo lugar. El equipo que primero encuentre el tesoro será el ganador.

3. ¡Engánchate al tren!

• **Preparación:** no se necesita ningún tipo de preparación.
• **Finalidad del juego:** desarrollar la motricidad de los niños.
• **¿Cómo se juega?:** este juego se realiza en grupo y es importante disponer de espacio suficiente para poder correr, por lo que será necesario escoger una zona de la playa poco concurrida o una hora en la que no haya mucha gente tomando el sol. Uno de los niños será el encargado de pillar a los demás. Cuando coja a uno de ellos, éste deberá darle la mano y sin soltarse intentar pillar a los demás. A medida que vayan siendo alcanzados los niños se irán uniendo a la cadena. Ganará el último niño en ser pillado.

4. La gallinita ciega y mojada

• **Preparación:** sólo se necesita un pañuelo para vendar los ojos y llevar puesto el bañador.

• **Finalidad del juego:** desarrollar el sentido del tacto.

• **¿Cómo se juega?:** ésta es una versión pasada por agua del tradicional juego de la gallinita ciega. Para jugar es necesario meterse en la orilla del mar, hasta que el agua llegue aproximadamente a la altura de la rodilla. Uno de los niños se vendará los ojos con el pañuelo y deberá pillar a los demás, que se acercarán lo suficiente para tocarle y orientarle en su búsqueda. La variedad del juego reside en que, cuando la «gallinita» alcance a alguien y deba reconocerlo mediante el tacto, éste podrá hundirse dentro del agua para hacer más difícil la identificación. También está permitido poner carotas o hinchar los carrillos para despistar. Si el que hace de gallinita acierta el nombre, el niño pillado le sustituirá y se vendará los ojos; pero si se equivoca, el niño pillado quedará otra vez libre y la gallinita continuará intentando identificar correctamente a alguien.

5. Arrancar cebollas

• **Preparación:** sólo se necesita llevar puesto el bañador por si acaso.

• **Finalidad del juego:** hacer hincapié en la importancia de ser miembro de un grupo.

• **¿Cómo se juega?:** los niños se sientan en la arena formando una fila, con las piernas abiertas y cogiéndose fuertemente por la cintura. Uno de los niños (preferiblemente uno de los más fuertes) se pondrá de pie enfrente de la fila y tendrá que coger los brazos del primer niño de la «cebolla» y estirar hasta lograr separarlo del resto del grupo. Los demás niños lógicamente deberán impedirlo sujetándose unos a otros con todas sus fuerzas. Cuando consiga arrancar al primero, éste se unirá a él cogiéndose por su cintura y juntos intentarán arrancar a otro niño, y a otro, y a otro... hasta que todos los niños hayan cambiado de bando y estén de pie.

• **Consejo:** ya que el juego se realiza en la playa es recomendable que la fila esté orientada al mar y que el primer niño que estire de ella se encuentre de espaldas al agua. Al hacer un esfuerzo para «arrancar» niños, los que están de pie suelen perder el equilibrio y caerse (los otros ya están en el suelo). Y una caída pasada por agua sin duda será más divertida y espectacular.

6. Carreras de carretas

• **Preparación:** marcar dos líneas paralelas en la arena a una distancia de unos quince metros.

• **Finalidad del juego:** desarrollar la motricidad y la sincronización con los otros.

• **¿Cómo se juega?:** para hacer carreras de carretas los niños tienen que formar parejas. Uno de los miembros de la pareja será la «carreta» y el otro, el «conductor». Se marcan en la arena dos líneas, una de salida y otra de llegada, a una distancia de diez o quince metros y se colocan todas las parejas en la posición de salida. Los niños que hacen de carretas apoyan las manos en la arena mientras que sus parejas les cogen por los tobillos. Manteniendo esta posición todos deben llegar a la meta. La primera pareja que lo consiga ganará la carrera. La competición se puede hacer más difícil si se incorporan obstáculos en el recorrido (hoyos, montañas de arena, objetos que haya que esquivar...).

• **Variante:** las parejas pueden partir de puntos diferentes que se encuentren a la misma distancia de un punto central, que será la meta. En el punto de llegada habrá un objeto como puede ser una pelota o un pañuelo que deberá recoger la carreta que primero llegue, para poder demostrar que ha sido la más rápida.

7. Las cuatro esquinas

• **Preparación:** dibujar un cuadrado de unos diez metros de lado en la arena.
• **Finalidad del juego:** desarrollar los reflejos y la motricidad.

• **¿Cómo se juega?:** en este juego únicamente pueden participar cinco niños. Se dibuja un cuadrado grande en la arena y en
cada una de las cuatro esquinas se coloca un niño. El quinto niño
se sitúa en el centro del cuadrado y tiene que arrebatarle la esquina a uno de sus compañeros, que deberán cambiar continuamente de posición. El niño del centro tiene que estar atento y tener
buenos reflejos para poder llegar a una de las esquinas cuando su
ocupante la abandone para buscar otra. Aquel que pierda su esquina pasará a ocupar la posición central.
• **Consejo:** a pesar del nombre del juego si el grupo de niños es
más numeroso se puede dibujar cualquier otra figura geométrica
formada por más lados y por tanto con más esquinas.

8. Policías y ladrones

• **Preparación:** dividirse en dos grupos, uno de «policías» y otro
de «ladrones».
• **Finalidad del juego:** desarrollar la motricidad y los reflejos.
• **¿Cómo se juega?:** se echa a suertes quiénes serán los policías y
quiénes, los ladrones. Los policías marcarán un pequeño territorio
que será la cárcel, y los ladrones señalarán otro que será su refugio.
Los policías deben atrapar a todos los ladrones y meterlos dentro
de la cárcel. Pero cualquier ladrón que no haya sido atrapado puede liberar a los que están prisioneros si consigue tocarles la mano.
Los policías, por tanto, deberán vigilar la cárcel. Asimismo los ladrones pueden meterse en el refugio donde no podrán ser atrapados. Si
los policías consiguen coger a todos los ladrones, habrán ganado el
juego; si por el contrario pasado un rato (se puede establecer el tiempo) no han logrado reducirlos, habrán ganado los ladrones.

9. Coger el pañuelo

• **Preparación:** formar dos grupos diferentes y disponer de un pañuelo.

• **Finalidad del juego:** desarrollar la velocidad y los reflejos.

• **¿Cómo se juega?:** se marcan en la arena dos líneas paralelas a una distancia aproximada de unos quince o veinte metros. Los equipos, cuyos miembros se habrán numerado, se sitúan por detrás de cada una de las rayas marcadas. En medio de ambos equipos el director del juego con el brazo estirado sostendrá el pañuelo por una punta y dirá un número en voz alta. De cada uno de los equipos saldrá el niño identificado con ese número y deberá coger el pañuelo antes que su adversario. Cuando lo haya cogido tendrá que volver corriendo a su posición anterior evitando que el otro niño lo atrape. Si logra llegar a su posición inicial sin haber sido pillado sumará dos puntos; si por el contrario lo atrapan será el otro equipo el que sume un punto. El director del juego repetirá la operación hasta que uno de los equipos alcance un número determinado de puntos que se establecerá al principio. El equipo que sume más puntos será el vencedor.

• **Variante:** otra forma de jugar es eliminando a los jugadores que sean pillados. En este caso uno de sus compañeros de equipo deberá asumir su número y correr con dos números a la vez.

10. Fútbol a tres piernas

• **Preparación:** se necesita un pañuelo por pareja y algunos objetos para marcar los límites de las porterías (botellas de plástico, zapatillas de deporte, palos, etc.).

• **Finalidad del juego:** desarrollar la coordinación de movimientos y el equilibrio.

• **¿Cómo se juega?:** este juego es una variante del fútbol tradicional en la que se respetan sus reglas básicas: dos equipos, dos campos, dos porterías, intentar marcar goles en campo contrario... La única diferencia es que los jugadores se distribuirán por parejas y cada una de ellas deberá atarse el pañuelo de tal forma que la pierna izquierda de uno de los miembros esté unida a la pierna derecha del otro miembro. De esta manera la movilidad será mucho más dificultosa y las parejas deberán coordinar sus acciones para que éstas sean efectivas. Los goles no, pero la diversión está asegurada.

11. Interceptar la pelota

• **Preparación:** lo único que se necesita es una pelota y el bañador si se juega dentro del agua.

• **Finalidad del juego:** desarrollar la movilidad y los reflejos.

• **¿Cómo se juega?:** este sencillo juego es uno de los más populares precisamente por su simplicidad: los niños forman un círculo, en la arena o en el agua, en cuyo centro se sitúa uno de ellos, que tendrá que interceptar la pelota que sus compañeros se vayan pasando. Cuando logre atraparla dejará la posición central al niño que haya perdido el balón. Así hasta que los pequeños se cansen de jugar (que conociendo su vitalidad pueden ser horas). Jugar dentro del agua puede ser muy divertido porque, aunque en ese medio se pierde movilidad, las caídas y los chapuzones sin duda animarán la actividad.

12. La pelota «stop»

• **Preparación:** sólo se necesita una pelota.
• **Finalidad del juego:** desarrollar la motricidad y los reflejos.
• **¿Cómo se juega?:** se colocan todos los niños de pie alrededor del niño que tiene la pelota en las manos. Éste la lanza hacia arriba y todos los demás salen corriendo en distintas direcciones. Cuando el niño recupera la pelota y dice «stop», los otros deberán pararse y quedarse inmóviles. Con la pelota tratará de alcanzar a uno de sus compañeros (normalmente el que esté más cerca), que a su vez podrá esquivarla o cogerla con las manos pero sin mover nunca los pies. Si éste la coge puede lanzársela a otro niño o al mismo jugador que se la ha tirado a él, y si consigue tocarle podrá salvarse. Aquel que sea alcanzado deberá ser el próximo en lanzar la pelota.

13. La pelota «sorpresa»

• **Preparación:** como en el juego anterior sólo se necesita una pelota.
• **Finalidad del juego:** desarrollar la movilidad y los reflejos.
• **¿Cómo se juega?:** todos los niños forman un pequeño círculo, de manera que estén mirando hacia el interior del mismo. Otro niño, situado a unos dos metros fuera del círculo, lanza la pelota al aire al tiempo que nombra a uno de sus compañeros, que deberá cogerla antes de que ésta toque el suelo. Mientras tanto sus compañeros deberán alejarse todo lo que puedan de la pelota. Cuando el niño nombrado recoja el balón, los otros niños tendrán que detenerse y evitar que la pelota lanzada por el «elegi-

do» les alcance. Como en el juego anterior podrán esquivarla o intentar atraparla, pero sin moverse del lugar.

14. La pelota «caliente»

• **Preparación:** se necesitan una pelota y un silbato o algo similar.
• **¿Cómo se juega?:** todos los jugadores excepto el director del juego se colocan en la arena formando un gran círculo. Una vez hecho el círculo se tienen que ir pasando la pelota, lo más rápidamente posible, hacia la derecha. El director del juego (de espaldas o con los ojos tapados) hará sonar el silbato de vez en cuando. En el momento en que suene, quedará eliminado el niño que en ese instante tenga el balón en sus manos. Si en ese preciso momento la pelota estuviera en el aire, el juego proseguiría. Ganará el último niño en ser eliminado.
• **Variante:** este mismo juego se puede realizar estando sentados en la arena. La pelota se pasará hacia la derecha, pero no por el aire sino rodando por la arena. De esta manera el tiempo de posesión de la pelota será menor y la eliminación, más reñida.

15. El gato y el ratón

• **Preparación:** se necesitan dos pelotas.
• **Finalidad del juego:** desarrollar la movilidad parcial.
• **¿Cómo se juega?:** se sientan todos los niños en la arena formando un círculo, con una separación aproximada entre uno y

otro de medio metro. Uno de ellos pone una de las pelotas en movimiento (el «ratón») haciéndola rodar hacia la derecha. Todos los niños deben tocarla y pasarla a su compañero. Cuando esa primera pelota ha recorrido cinco posiciones, el mismo niño pone en movimiento la segunda pelota (el «gato») también hacia la derecha. Desde ese momento los que tocan al gato tienen que intentar que alcance al ratón. Y los que tocan al ratón deberán librarse lo antes posible de él para que el gato no le pille. Cuando las dos pelotas coincidan en un mismo jugador, éste quedará eliminado y se reducirá el círculo. Los ganadores serán los cuatro o cinco últimos jugadores que queden.

16. Carreras de relevos

• **Preparación:** dibujar en la arena un rectángulo de unos veinticinco por cincuenta metros; además se necesitan dos pelotas de tenis y un silbato.

• **Finalidad del juego:** desarrollar la velocidad y coordinación de movimientos.

• **¿Cómo se juega?:** los jugadores se dividen en dos equipos que se sitúan en dos esquinas opuestas de la diagonal del rectángulo. Los miembros de cada equipo se colocan en fila y los primeros de cada una de esas filas llevan la pelota de tenis en la mano. Cuando el director del juego dé la señal con el silbato el primer jugador de cada equipo saldrá corriendo en persecución de su adversario, siguiendo el perímetro del rectángulo. Si al llegar de nuevo a su posición de salida ninguno de los dos jugadores ha alcanzado al otro, deberán pasar la pelota a un nuevo compañero, que continuará la persecución, y ellos se colocarán al final de la fila. Si un jugador alcanza a un contrario, sumará tres puntos para su equipo. Igualmente se colocarán al final de su fila y otros dos niños partirán de nuevo al oír la señal del silbato. Ganará el equipo que primero alcance el número de puntos establecido antes de iniciar el juego.

• **Consejo:** si el número de jugadores es muy elevado se pueden formar tres equipos en lugar de dos, y dibujar un triángulo en vez de un rectángulo, en cuyos vértices se situarán los diferentes grupos. De esta manera se agiliza la participación de los niños en el juego.

17. La pelota intocable

• **Preparación:** únicamente se necesita una pelota.
• **Finalidad del juego:** ejercitar la musculatura.
• **¿Cómo se juega?:** se colocan todos los niños de pie y se dan las manos formando un círculo. En medio del círculo (es importante que esté bien hecho) se coloca una pelota que será «intocable». Cuando el director del juego dé la señal, todos los niños deberán tirar unos de otros para lograr que uno de ellos toque el balón. Al mismo tiempo tendrán que hacer fuerza para evitar ser ellos los que lo toquen. El primer jugador que toque la pelota con alguna parte de su cuerpo quedará eliminado.

18. Combates a la pata coja

• **Preparación:** se dibujan en la arena dos líneas paralelas separadas por unos diez metros y en medio un círculo de unos dos metros de diámetro aproximadamente.

• **Finalidad del juego:** desarrollar el equilibrio.

• **¿Cómo se juega?:** se forman dos equipos de igual número de jugadores, que se colocan detrás de cada una de las líneas. Los miembros de cada equipo se numeran de manera que la numeración de uno y otro grupo coincida. El director del juego dirá un número en voz alta y el jugador de cada equipo con dicho número se situará en el interior del círculo a la pata coja. En esa posición deberán empujarse para hacer perder el equilibrio al adversario o hacerle salir del círculo. El jugador que pone los dos pies en la arena o que pone un pie fuera del círculo marcado pierde, y el otro equipo se anota un punto. Cuando eso sucede los dos jugadores vuelven a su posición y el director del juego llama a otro número. El equipo que antes alcance los puntos establecidos será el ganador.

19. Una ginkana en la arena

• **Preparación:** se han de marcar diferentes círculos en la arena a una distancia aproximada de cincuenta metros cada uno. Asimismo, el director del juego deberá escribir las pruebas de la ginkana y tener un cronómetro para calcular los tiempos.

• **Finalidad del juego:** potenciar una competitividad sana.

• **¿Cómo se juega?:** el director del juego marca con círculos un circuito determinado en la arena. Numera esos círculos y en cada uno de ellos deja un papel (que sujetará con una piedra o una zapatilla) con una prueba concreta que hará referencia al modo de desplazamiento entre un círculo y otro. Por ejemplo:

Círculo 1: «Id al círculo 2 haciendo la carretilla»
Círculo 2: «Id al círculo 3 rodando por la arena»
Círculo 3: «Id al círculo 4 corriendo de espaldas»
Círculo 4: «Id al círculo 5 a la pata coja»
Círculo 5: «Volved al círculo 1 a caballo, uno encima de otro»

Los niños por parejas harán todo el recorrido y el director del juego los cronometrará. Si alguna pareja se equivoca de prueba o de círculo debe volver a salir del círculo anterior. Ganará la pareja que recorra correctamente todo el circuito en menos tiempo.

20. Caballeros y caballos

• **Preparación:** se necesita una pelota y colocarse por parejas.
• **Finalidad del juego:** desarrollar el equilibrio.
• **¿Cómo se juega?:** los caballeros, montados encima de los caballos, forman un gran círculo y se pasan la pelota unos a otros evitando que caiga en la arena. Por el contrario los caballos tienen que moverse y agitarse, pero nunca correr, para conseguir que los caballeros pierdan la pelota. Cuando ésta cae al suelo, los caballeros bajan de los caballos y salen corriendo. Rápidamente los caballos cogen la pelota y la lanzan contra un caballero que intentará evitarla. Si no le alcanzan o la coge al vuelo, los caballeros vuelven a sus posiciones; pero si le dan, se cambian los papeles y los caballeros se convierten en caballos. La duración del juego dependerá de la vitalidad y energía de los niños.

21. ¡Que no se escape!

• **Preparación:** sólo se necesita una pelota y ser de ocho a diez jugadores como mínimo.
• **Finalidad del juego:** iniciar al niño en los deportes de equipo con balón.
• **¿Cómo se juega?:** todos los jugadores se dan la mano y forman un círculo en cuyo centro se sitúa uno de los niños con una pelota. Éste tiene que conseguir que la pelota salga del círculo, pero sólo podrá chutarla con el pie. Sus compañeros, por el contrario, deberán impedirlo, pero sin soltarse nunca las manos. Los niños podrán parar la pelota con cualquier parte de su cuerpo, siempre y cuando mantengan las manos unidas. El niño que no logre

detener el balón o que se le cuele entre las piernas sustituirá al lanzador y pasará a ocupar la posición central.

22. Los tres en raya

• **Preparación:** con un palo se marca en la arena un cuadrado de unos dos metros de lado, a su vez dividido mediante dos líneas verticales y dos horizontales en nueve cuadrados más pequeños.
• **Finalidad del juego:** desarrollar la atención y la capacidad de reflexión en los niños.
• **¿Cómo se juega?:** ésta es una versión personalizada del tradicional juego de las tres en raya, en la que se sustituyen los trazos

en bolígrafo por niños. Se dividen los jugadores en equipos de tres miembros cada uno. Los niños de cada equipo, mediante movimientos por turnos, tratarán de colocarse en una misma línea (que puede ser vertical, horizontal o diagonal), mientras que sus adversarios intentarán evitarlo, interponiéndose para ello en la línea. Se echará a suertes el equipo que inicia el juego, ya que los niños pronto descubrirán que quien ocupe la posición central tiene más ventajas que el otro equipo.

23. Las tres órdenes

• **Preparación:** es necesario tener algo para poder dibujar en la arena (un palo, una zapatilla, una pala, etc.) y un pañuelo para vendar los ojos.
• **Finalidad del juego:** aprender a calcular las distancias, desarrollar la orientación espacial y familiarizarse con la toma rápida de decisiones.
• **¿Cómo se juega?:** para jugar a «las tres órdenes» el director del juego debe dibujar en la arena un punto que será la salida y varios círculos de diferentes tamaños, con posiciones y distancias distintas respecto al punto de partida. Cada uno de los círculos tendrá un valor: los que estén más próximos al punto de partida valdrán menos (5 o 10 puntos) y los que estén más alejados tendrán más valor (15, 20 o 25 puntos). Una vez dibujados el punto de partida y los distintos círculos, los niños deberán repartirse por parejas. Uno de los niños se colocará en el punto de partida con los ojos vendados, mientras que su pareja le dará tres órdenes concretas para alcanzar el máximo número de puntos. Pero si con esas tres órdenes (ni una más, ni una menos) no consigue alcanzar ningún círculo, no sumará puntos; por lo que a veces es preferible dirigirse a un círculo más próximo aunque valga menos. Ganará la pareja que sume más puntos. El jugador

que dirige a su compañero deberá decidir si quiere arriesgarse a ganar más puntos o prefiere ser más conservador.

• **Ejemplo:**

1. Da tres pasos normales hacia delante.
2. Da un gran salto hacia la derecha.
3. Da un paso pequeño para atrás.

24. Eliminar al contrario

• **Preparación:** hay que dibujar en la arena un rectángulo de unos treinta metros de largo por diez de ancho, a su vez dividido en dos campos de unos quince metros (uno para cada equipo) que tendrán una zona de unos cinco metros reservada para los prisioneros. Asimismo hay que contar con una pelota que no esté excesivamente inflada.

• **Finalidad del juego:** desarrollar la psicomotricidad y los reflejos, y potenciar el sentimiento de pertenencia a un grupo.

• **¿Cómo se juega?:** una vez dibujado el campo en la arena se forman dos equipos con el mismo número de jugadores cada uno. Cada equipo ocupará su área de juego correspondiente, excepto un jugador de cada bando que se situará de manera provisional en la zona de prisioneros. Ese jugador deberá perma-

necer ahí hasta que alguno de sus compañeros caiga prisionero de verdad y le sustituya. El juego consiste en eliminar al contrario (es decir, hacerlos prisioneros) mediante lanzamientos de pelota (procurando evitar los lanzamientos a la cara). Si la pelota da a un jugador contrario en cualquier parte del cuerpo, éste queda eliminado y pasa a la zona del campo enemigo reservada para los prisioneros. Pero si la pelota no le toca o el jugador atacado la coge con las manos, éste a su vez puede probar el tiro. Asimismo los prisioneros pueden salvarse eliminando de la misma manera a un adversario. Los miembros de los equipos podrán optar por eliminar a contrarios o por pasar la pelota a sus compañeros prisioneros para que éstos tengan opción de eliminar a otro y así salvarse. Ganará el equipo que consiga acabar con todo el equipo rival.

25. La petanca

• **Preparación:** se necesitan una pelota de tenis por cada jugador, un rotulador negro y una pelota de plástico o cualquier otro objeto que pueda servir de objetivo.

• **Finalidad del juego:** adquirir el dominio del plano espacial, captar correctamente las distancias y controlar la propia fuerza en relación a esas distancias.

• **¿Cómo se juega?:** este tradicional y sencillo juego es uno de los más practicados en todo el mundo. Actualmente se comercializan unos paquetes que incluyen bolas de diferentes colores y tamaños. Pero para jugar a la petanca no es necesario un gran equipamiento. Bastará con que cada niño tenga una pelota de tenis, en la que se pueda escribir el nombre del jugador con un rotulador para que no haya lugar a equivocaciones. Además se necesitará cualquier otro objeto, preferiblemente una pelota de plástico, que será el objetivo a alcanzar. Se dibuja en la arena una línea horizontal detrás de la cual se colocarán todos los jugadores. Uno de ellos lanzará la pelota de plástico a una distancia de unos cuatro o cinco metros. Todos los jugadores, por turnos, lanzarán a su vez su pelota de tenis intentando que caiga lo más cerca posible del objetivo. Ganará el niño que al final de la partida se haya aproximado más a la pelota de plástico. Y hay que insistir en que es al final cuando se decide el ganador ya que vale descolocar las pelotas de los adversarios; es decir, que si una de ellas ha caído cerca del objetivo pero el siguiente lanzamiento la desplaza se tendrá en cuenta su posición final. El ganador de cada partida sumará un punto, y el jugador que primero llegue a un número establecido previamente será el indiscutible vencedor.

• **Variación:** se puede realizar una versión diferente del mismo juego con un cubo de playa. Se coloca el cubo en la arena, a una distancia conveniente, enterrando un poco la base para que no se desestabilice. Por turnos, los niños tiran las pelotas de tenis pero en este caso intentando colocarlas en el interior del cubo. Ganarán el niño o los niños que logren encestarlas. Si ninguno de ellos lo lograra, ganaría el que más se hubiera acercado al cubo con su lanzamiento.

26. Grupos de tres

• **Preparación:** no se necesita ninguna preparación.
• **Finalidad del juego:** desarrollar los reflejos y la sincronización en equipo.
• **¿Cómo se juega?:** este juego a pesar de su sencillez gusta mucho a los pequeños. Los niños se desplazan por la arena, mezclándose con sus compañeros, pero sin una dirección determinada. El director del juego dará en voz alta la orden, que será del tipo «gru-

pos de tres», «grupos de dos», «grupos de cuatro», etc., en función del número de jugadores que haya. Al oír la orden los niños deberán juntarse unos con otros para formar grupos que tengan ese número de miembros. Los niños que no consigan formar grupo, es decir, los que queden descolgados, estarán eliminados. A la orden de «vale» los grupos se desharán y empezará nuevamente el juego. Ganarán los dos niños en quedar eliminados en último lugar.

• **Ejemplo:** si hay nueve niños jugando y el director del juego dice «grupos de dos», uno de los niños quedará eliminado. Si en la siguiente ronda, en la que habrá ocho niños, el director del juego ordena «grupos de tres», otros dos niños quedarán eliminados. Así hasta que sólo queden dos jugadores.

27. Tira y al centro

• **Preparación:** se necesita una pelota y ser un grupo algo numeroso.

• **Finalidad del juego:** conseguir la coordinación de movimientos dentro de un grupo.

• **¿Cómo se juega?:** todos los jugadores se colocan formando dos círculos concéntricos que miren hacia el interior. En el centro de esos círculos se situará uno de los niños guardando la suficiente distancia con ellos como para permitir los lanzamientos de la pelota. Ese jugador (llamémosle A) lanzará la bola a cualquiera del círculo inferior (B) y se colocará rápidamente detrás de otro jugador del círculo exterior (C), que a su vez deberá correr hacia el interior. Mientras tanto el niño que ha recibido la pelota se la pasará al jugador que está a sus espaldas (B) quien nada más recogerla tendrá que lanzarla al centro, aunque el jugador (C) todavía no haya llegado. Sólo la coordinación de todo el grupo evitará que la pelota caiga a la arena.

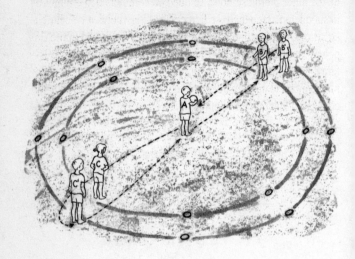

28. Saquitos de arena

• **Preparación:** cada niño debe tener una pequeña bolsa de plástico que llenará con arena de la playa.

• **Finalidad del juego:** favorecer la coordinación de movimientos, el equilibrio corporal y la cooperación de los jugadores.

• **¿Cómo se juega?:** todos los participantes con la bolsa de arena en la cabeza (conviene no llenarla demasiado para que no pese excesivamente) deben imitar los movimientos que realice el director del juego (que no llevará la bolsa y tendrá más libertad de movimientos). Si el director salta, todos saltarán; si el director camina a la pata coja, todos caminarán como él... pero siempre intentando que no se les caiga la bolsa de la cabeza. Cuando uno de los niños pierda su bolsa se quedará completamente inmóvil hasta que un compañero se la recoja y se la vuelva a colocar en su sitio. Cada vez que la bolsa se caiga se sumará un punto de penalización, pero cada vez que se ayude a un compañero se restará un punto. Cuando el director dé por finalizado el juego cada niño contará el número de puntos que tiene, y ganará el que haya conseguido una mejor puntuación.

II. EN LA PISCINA

Insistiendo en el destacado papel que desempeña el líquido elemento en las actividades lúdicas de los niños, proseguimos nuestro recorrido por los juegos infantiles con otro de los escenarios favoritos de los más pequeños: la piscina. Aunque todos los consejos ofrecidos en el apartado dedicado a la playa pueden resultar de gran utilidad, las características específicas de estos espacios artificiales, en los que el agua ha sido dominada por la mano del hombre, exigen adoptar otro tipo de medidas de seguridad y precauciones.

CARACTERÍSTICAS FÍSICAS DEL ENTORNO

Todos tenemos en la mente la imagen típica de una piscina: una cubeta generalmente rectangular, deprimida respecto al plano general del suelo y cubierta de un agua azul y cristalina hasta el borde. Este espacio acuático aparece por lo general rodeado por un terreno que suele ser de gran dureza y consistencia.

Junto a estas características básicas, adquiere una importancia destacada el perfil que ofrece el fondo de la piscina. Éste influirá en gran medida en la tipología de los juegos que se realicen en el interior de la piscina: un perfil uniforme y no demasiado hondo favorecerá la práctica de juegos de pelota, mientras que un fondo de mayor profundidad favorecerá los saltos y las zambullidas de unos niños que, por otra parte, deberán estar suficientemente experimentados en las artes natatorias.

En otro sentido cabe recordar que, aunque siempre se relaciona el entorno de la piscina con los juegos puramente acuáticos, algunas de estas instalaciones disponen de superficies habilitadas para el juego fuera del agua. Por lo general, el espacio más próximo a la cubeta suele ser bastante duro y un tanto peligroso. Sin embargo, algunas piscinas disponen de superficies recubiertas de césped que resultan ideales para la práctica de algunas actividades: sin llegar a la calidad y la versatilidad que ofrece la arena de la playa, se pueden practicar algunos de los juegos propuestos en el apartado anterior.

PISCINAS PÚBLICAS Y PRIVADAS

Por otra parte, hay que diferenciar entre dos tipos de piscinas: las privadas y las públicas. Esta distinción condicionará decisivamente el grado de libertad con que se desarrollen las actividades infantiles, ya que no es lo mismo compartir un espacio comunitario que el hecho de que los niños puedan disfrutar a sus anchas de un territorio concebido expresamente para la diversión y el entretenimiento.

Por desgracia, no todos los niños pueden disfrutar de una piscina privada para jugar libremente. No obstante, las actividades lúdicas en una piscina pública permiten que el niño desarrolle algunos elementos claves del comportamiento social, como el respeto hacia los demás o asumir una conciencia de la seguridad tanto propia como ajena.

♦ El carácter esencialmente acuático de los juegos que tienen lugar en la piscina los delimita desde una perspectiva temporal a la época veraniega. Por tanto, habrá que prestar especial atención a los consejos sugeridos anteriormente para el desarrollo de actividades en la playa:

  • evitar el exceso de sol;
  • aplicar cremas protectoras a los pequeños;
  • no olvidar las provisiones de líquido.

♦ Tenga muy en cuenta que el terreno que rodea a la piscina puede resultar un tanto peligroso. Aunque se han hecho grandes avances en materiales de pavimento antideslizantes, la frenética actividad de los niños puede provocar resbalones, caídas y pequeños accidentes.

♦ Si los niños juegan en el césped, revise primero el estado del firme y de la hierba. Aunque las piscinas públicas presentan un elevado control de saneamiento, siempre es preciso asegurarse de la calidad del suelo.

♦ Las piscinas son terreno abonado para el contagio de hongos. Es aconsejable que los pequeños calcen sandalias de agua que evitarán tanto posibles contagios como resbalones.

♦ Por otra parte, procure que los niños no se enfríen al salir del agua: séquelos concienzudamente.

♦ En el caso de piscinas comunitarias, debe procurar que los pequeños no molesten con sus juegos a los restantes bañistas. Intente imbuirles la idea del respeto hacia los demás: antes de lanzarse al agua o de iniciar una actividad deben fijarse primero en que no van a molestar o hacer daño a alguien.

♦ Por último recuerde que siempre será necesaria la supervisión de un adulto en los juegos infantiles. A pesar de estar controlada artificialmente por el hombre, el agua de la piscina puede suponer también numerosos riesgos, sobre todo para los más pequeños.

29. Volteretas en el agua

• **Preparación:** no necesita ningún tipo de preparación especial.
• **Finalidad del juego:** aprender a controlar los movimientos corporales y la respiración en un medio diferente.
• **¿Cómo se juega?:** este juego no tiene ningún misterio para los amantes de las piscinas. Consiste únicamente en hacer diferentes tipos de volteretas y piruetas debajo del agua. Cosa que no es tan fácil como parece ya que no tienen nada que ver los movimientos habituales, que sólo tienen que vencer la resistencia del aire, con los realizados en las piscinas, en las que el agua ofrece una resistencia mucho mayor. Debajo del agua, además de saber aguantar correctamente la respiración, hay que controlar el impulso necesario para que el cuerpo gire en ese medio. Además de la voltereta tradicional hacia delante se pueden hacer volteretas de espaldas, volteretas por parejas, verticales (apoyando las manos en el fondo de la piscina), giros originales, etc. Estos movimientos se pueden alternar con las modalidades de natación y hacer una especie de circuito que ganará el niño que lo realice en el menor tiempo.
• **Ejemplo:** un niño sale de una de las esquinas de la piscina y tiene que llegar a la esquina opuesta nadando estilo braza, allí dar una voltereta hacia delante y otra hacia atrás y volver al punto de partida pero esta vez nadando estilo crol. Este sencillo recorrido lógicamente se puede complicar según la edad y la preparación de los niños.

30. ¿Dónde está la zapatilla?

• **Preparación:** únicamente se necesita un objeto que se pueda hundir en el agua sin estropearse (por ejemplo, una zapatilla de goma transparente).

• **Finalidad del juego:** aprender a controlar la respiración y los movimientos debajo del agua.

• **¿Cómo se juega?:** el director del juego lanza el objeto en cualquier parte de la piscina. Todos los niños estarán de espaldas fuera del agua, en el borde de la piscina, de manera que no vean dónde es lanzado el objeto. Cuando el director del juego dé la señal se girarán todos y rápidamente se tirarán al agua. Una vez dentro deberán buscar por el fondo de la piscina el objeto y quien lo encuentre ganará el juego. No vale buscar el objeto desde fuera de la piscina y una vez localizado tirarse a por él. La búsqueda debe realizarse desde el agua. Si el objeto hundido es transparente (como la zapatilla de goma aconsejada) o muy pequeño, la competición será muy reñida.

• **Consejo:** dado que los niños van a abrir los ojos debajo del agua para buscar el objeto hundido, es recomendable controlar la calidad del agua de la piscina. De este modo evitaremos las molestas irritaciones oculares que el exceso de cloro puede producir.

31. Carreras de relevos

• **Preparación:** sólo se necesitan un silbato y si es posible un cronómetro.

• **Finalidad del juego:** potenciar los diferentes estilos de natación de una manera divertida, al mismo tiempo que una competitividad sana.

• **¿Cómo se juega?:** lo primero que hay que hacer es formar varios equipos con el mismo número de jugadores cada uno. Después los equipos tendrán que dividirse y colocarse en diferentes lados de la piscina (por ejemplo, dos niños en uno y dos en otro).

El director del juego dará las reglas de la competición: el primer largo se ha de recorrer a estilo crol; el segundo, estilo braza; el tercero, de espaldas, y el cuarto, libre, por ejemplo. Cuando el director del juego dé la señal, el primer jugador de cada equipo se lanzará al agua y recorrerá la distancia con el estilo marcado. Cuando llegue al otro extremo de la piscina, su compañero allí colocado le relevará y realizará el largo en la modalidad que le corresponda. Así sucesivamente hasta que el último miembro de uno de los equipos llegue a la meta. El director del juego será el encargado de declarar el equipo vencedor (ya que desde fuera es más fácil tener una visión global de todos los equipos).

• **Consejo:** si los niños todavía no saben nadar bien, se pueden hacer carreras de relevos para que adquieran seguridad y aprendan los movimientos correctos. Para ello se utilizará el material recomendado en las piscinas (las tablas, corchos de diferentes formas, etc.). En estos casos, cuando uno de los miembros del equipo llegue a su destino, deberá pasarle la tabla o el corcho a su compañero.

32. Guerras acuáticas

• **Preparación:** colocarse en el centro de la piscina, lo más alejado posible de los bordes de la misma.

• **Finalidad del juego:** desarrollar el sentido del equilibrio.

• **¿Cómo se juega?:** todos los niños se tienen que dividir por parejas y situarse en la zona poco profunda de la piscina. Uno de los miembros de la pareja se subirá en los hombros de su compañero que le sujetará por los tobillos. En esta inestable posición los niños que están arriba tendrán que empujar a sus rivales para intentar que caigan al agua, al mismo tiempo que deberán evitar ser ellos los que se remojen. Sus compañeros de abajo serán los encargados de moverse por la piscina y de perseguir o evitar a los contrarios. Cuando uno de los niños pierda el equilibrio y se caiga, tanto él como su pareja quedarán eliminados. Ganará la pareja que consiga mantenerse de pie durante más tiempo.

• **Consejo:** para evitar accidentes es imprescindible que la piscina sea lo suficientemente grande como para poder jugar en la zona central, lejos de los bordes. Si sus características no lo permiten es preferible realizar cualquier otra actividad.

33. Pelota robada

• **Preparación:** se necesita una pelota de goma.

• **Finalidad del juego:** desarrollar los reflejos y la movilidad.

• **¿Cómo se juega?:** se dividen todos los participantes en dos equipos y se echa a suertes cuál de ellos empezará teniendo la posesión del balón. Los jugadores de ese equipo deberán estar todos dentro del agua y se pasarán la pelota unos a otros evitando que el otro equipo se la robe. Por el contrario el otro equipo puede tener jugadores en el agua y otros fuera, situados en el borde de la piscina, que serán más difíciles de controlar. Este equipo tendrá que robar el balón y lo pueden hacer tanto los jugadores que están dentro del agua como los que están fuera, que en cualquier momento que crean oportuno pueden tirarse para coger la pelota o para desviarla de su camino y darle la oportunidad a su equipo para robarla. Cuando consiguen interceptar el balón, los equipos cambian de rol.

34. El tiburón

- **Preparación:** no se necesita ninguna preparación.
- **Finalidad del juego:** desarrollar la motricidad en el agua y controlar la respiración.
- **¿Cómo se juega?:** se echa a suertes qué niño va a ser el tiburón y éste se coloca en el centro de la piscina. Con los ojos cerrados contará hasta veinte y los demás niños aprovecharán para alejarse de él. Cuando acabe de contar podrá empezar la persecución, pero será un tanto particular ya que sólo podrá abrir los ojos debajo del agua. En el momento en que necesite respirar y saque la cabeza del agua deberá cerrarlos. Sus compañeros podrán moverse libremente por toda la piscina, pero nunca salir de ella. Cuando el tiburón logre atrapar a un compañero tendrá además que identificarlo sin abrir los ojos. Si adivina quién es, el niño pillado se convertirá en el nuevo tiburón. Si por el contrario no acierta, tendrá que soltarle y volver a contar.

35. Hablar debajo del agua

• **Preparación:** no se necesita ninguna preparación.
• **Finalidad del juego:** agudizar la atención y la audición, y controlar la respiración.
• **¿Cómo se juega?:** se colocan todos los niños en el agua formando un círculo pequeño y uno de ellos ocupa la posición central. El director del juego, desde fuera de la piscina, le dirá una frase corta al niño situado en el medio del círculo sin que sus compañeros la oigan. Ese niño deberá decir esa frase lo mejor que pueda estando sumergido debajo del agua. Los otros niños, también con la cabeza en el agua, deberán intentar descifrar lo que su amigo dice. Cuando salgan a la superficie, los niños le dirán al director del juego lo que creen haber oído. El niño que acierte la frase, o que más se aproxime a ella, ocupará el centro del círculo y será el siguiente emisor.

36. ¿Quién está fuera del agua?

• **Preparación:** ninguna.
• **Finalidad del juego:** controlar la respiración y aumentar las dotes de observación.
• **¿Cómo se juega?:** se echa a suertes qué niño es el que para y al que le toque deberá cerrar los ojos y contar hasta veinte. Mientras tanto sus compañeros eligen a uno de ellos que abandonará la piscina. El resto se sentarán en el borde de la misma pero con los pies metidos dentro del agua. Cuando el que para acabe de contar, tendrá que sumergirse y observar bien los pies de sus compañeros ya que a través de ellos deberá adivinar quién

es el niño que está fuera de la piscina. Únicamente podrá abrir los ojos dentro del agua y, cuando tenga que salir a respirar, deberá cerrarlos. Según el número de jugadores podrá tener una, dos o tres oportunidades para acertar el nombre del niño que está afuera. Si lo adivina, otro niño le sustituirá. Pero si no lo acierta deberá pagar una prenda (cualquier prueba) que decidan sus compañeros.

37. Los submarinos

• **Preparación:** ninguna, pero es un juego en el que el número de jugadores debe ser cuatro como máximo.

• **Finalidad del juego:** aprender a coordinar los movimientos, a controlar la respiración y a tomar decisiones en grupo.

• **¿Cómo se juega?:** se colocan los cuatro jugadores en las esquinas correspondientes a un cuadrado imaginario, a unos pocos metros unos de otros. El juego consiste en cambiar al mismo tiempo las posiciones siguiendo las diagonales del cuadrado, pero por debajo del agua. Para conseguirlo los cuatro jugadores tendrán necesariamente que ponerse de acuerdo para decidir por dónde van a pasar, ya que en el centro del cuadrado se juntarán todos. Según su capacidad para aguantar la respiración y su facilidad para bucear, se repartirán las posiciones: el que más aguante deberá sumergirse hasta el fondo de la piscina; al que le cueste más se le asignará la posición más próxima a la superficie. Una vez se hayan puesto de acuerdo se sumergirán todos a la vez e intentarán alcanzar su objetivo. Si alguno de los niños saca la cabeza del agua antes de llegar o dos de ellos chocan debajo del agua, deberán volver a intentarlo.

38. A, E, I, O, U

- **Preparación:** se necesita una pelota de goma.
- **Finalidad del juego:** es una iniciación al voleibol.
- **¿Cómo se juega?:** formando un círculo los niños se van pasando la pelota, pero no de cualquier manera. Deberán lanzarla hacia arriba con las palmas de las manos abiertas (como si fueran jugadores de voleibol) sin que ésta toque el agua. El primer niño al lanzarla deberá decir «A»; el segundo niño, «E»; el tercero, «I»; el cuarto al decir «O» tendrá que colocarla de manera que el siguiente niño pueda rematarla con cierta facilidad a voleo. El quinto niño tendrá que golpearla con el antebrazo (aunque nunca de manera violenta) y al decir «U» intentar tocar a uno de sus compañeros con la pelota. Los otros niños podrán esquivarla pero no cogerla. El niño que sea golpeado por la pelota sumará un punto. Al final ganará el niño que tenga menos puntos acumulados. El hecho de decir en voz alta las vocales al pasar y lanzar la pelota no es un capricho, sino más bien un pequeño truco para recordar con facilidad a quien le toca pasarla, a quien colocarla y a quien disparar.

39. El guardián del tesoro

- **Preparación:** se necesitan un flotador, una pelota o cualquier objeto de goma que flote en el agua.
- **Finalidad del juego:** desarrollar la motricidad en el agua y los reflejos.
- **¿Cómo se juega?:** en el centro de la piscina se coloca el «tesoro», que será algo de plástico o goma que flote sin problemas

(un flotador es lo más adecuado ya que además se puede «robar» con cierta facilidad), y uno de los niños será el guardián del tesoro. Su misión consistirá en evitar que sus compañeros roben el tesoro y en intentar pillar a uno de ellos para que le sustituya en una misión tan agotadora como la suya. Los otros niños tendrán que acercarse lo suficiente como para poder hacerse con el tesoro, pero evitando que el guardián los alcance. El niño que consiga robar el tesoro ganará si logra sacarlo fuera de la piscina antes de que el guardián le haya pillado. Para ello podrá lanzarlo o pasárselo a un compañero. Pero si lo lanza y el tesoro cae nuevamente en el agua habrá perdido y deberá sustituir al guardián. El niño que consiga robar con éxito el tesoro sumará un punto. Al final del juego ganará el que tenga más puntos acumulados.

• **Consejo:** si el número de participantes es alto puede haber más de un guardián que defienda el tesoro.

40. ¡A recoger aros!

• **Preparación:** para realizar este juego se necesitan aros de plástico de diferentes colores de los utilizados habitualmente en las piscinas o, si no se puede disponer de ellos, otros objetos que se hundan con facilidad.

• **Finalidad del juego:** desarrollar la coordinación de movimientos por parejas.

• **¿Cómo se juega?:** el director del juego lanza un montón de aros al fondo de la piscina. Cuando dé la señal, todos los niños por parejas y cogidos de la mano se lanzarán al agua para recoger el mayor número posible de aros. Pero para ello sólo se

podrán sumergir una vez, de manera que cada pareja debe sin-
cronizar muy bien su respiración y sus movimientos para poder
coger el máximo número de objetos en una sola inmersión.

41. De vaso en vaso

• **Preparación:** se necesita un vaso de papel por cada jugador.
• **Finalidad del juego:** desarrollar la coordinación en grupo.
• **¿Cómo se juega?:** todos los niños se colocan en círculo dentro del agua, con el vaso de papel en la boca (cogido con los
dientes). El jugador que empieza llena el vaso de agua de la piscina y, sin utilizar en ningún momento las manos, debe pasar el
agua a su compañero de la derecha, vertiéndola en su vaso. Así
sucesivamente hasta que se complete el círculo y el agua llegue
nuevamente al vaso del niño que empezó el juego. Si al final de
todo el recorrido sigue quedando agua en el vaso, el éxito será
de todo el grupo.

III. EN LA MONTAÑA

El campo y la montaña constituyen un marco natural idóneo para la práctica de los juegos infantiles. En estos espacios abiertos y despejados los pequeños pueden disfrutar plenamente de una libertad que resulta difícil encontrar en las ciudades. Tan sólo algunos parques públicos bien equipados y de grandes dimensiones ofrecen a los niños posibilidades de practicar algunos de los juegos propuestos en el presente apartado. Sin embargo, nada como el campo para disfrutar al aire libre y en contacto con la naturaleza de algunas de las actividades lúdicas más divertidas y sanas de esta obra.

CARACTERÍSTICAS DEL ENTORNO

Jugar en el campo, al aire libre, es una de las actividades que más agradecerán tanto hijos como padres. Y no sólo porque pueden respirar un aire puro y limpio cada vez más ausente de las grandes ciudades, sino especialmente por las grandes posibilidades que ofrece como terreno de juego.

Desde el punto de vista lúdico, el campo, la montaña y, en general, todos los grandes espacios al aire libre ofrecen una serie de ventajas que difícilmente se pueden encontrar en lugares cerrados:

♦ un vasto territorio de juegos que permite el desarrollo de las aptitudes físicas y psicomotrices del niño;

♦ una mayor sensación de plenitud y libertad;

♦ la posibilidad de aumentar los conocimientos de nuestros hijos acerca del entorno natural, basándose en una experiencia sensorial directa;

♦ una calidad medioambiental que es muy de agradecer en tiempos de contaminación atmosférica y polución acústica: los niños podrán correr, brincar y gritar todo lo que quieran sin miedo de molestar a los vecinos;

♦ por último, el jugar al aire libre favorece que los pequeños empiecen a amar la naturaleza y a tomar conciencia de la necesidad de preservarla y protegerla de los grandes peligros que la amenazan.

APROVECHAR LOS ELEMENTOS DEL ENTORNO

El campo y la montaña por sí mismos «forman parte» esencial de las actividades lúdicas de los niños. Todo en la naturaleza puede constituir un espectáculo a los ojos siempre ávidos y curiosos de los pequeños: desde contemplar las extrañas formas que van adoptando las nubes hasta observar las evoluciones de una expedición de hormigas en busca de alimento.

Por ello, los adultos deben aprovechar las oportunidades que ofrece la naturaleza para que los niños se eduquen y diviertan al mismo tiempo. La vegetación es uno de los principales aliados de los más pequeños: un árbol puede servir para esconderse o para construir una cabaña; la maleza es uno de los mejores sitios para ocultarse, y un prado de hierba constituye un mullido y espléndido terreno de juegos. Los niños, además, perciben y agradecen todas las notas sensoriales del entorno: el colorido de las flores y de los distintos matices del verde, los múltiples aromas que ofrece la vegetación, el sonido del viento entre las ramas de los árboles o el melodioso piar de las aves...

CONSEJOS ÚTILES PARA JUGAR EN LA MONTAÑA

- ♦ En principio se deben contemplar todas las medidas de precaución relacionadas con el juego al aire libre: procurar que las condiciones climáticas sean las más adecuadas para evitar desde posibles enfriamientos a fuertes insolaciones; o llevar provisiones tanto de alimentos energéticos como de bebidas (sobre todo agua y líquidos naturales como zumos).

- ♦ Uno de los elementos que se debe controlar es la ropa de los pequeños. Debe estar confeccionada con materiales fuertes y resistentes ya que los niños, en momentos de frenética diversión, en lo último en lo que piensan es en el cuidado de su indumentaria. Por esta razón, los adultos no deben enfadarse si los pequeños se ensucian en exceso: es casi una condición sine qua non para la diversión infantil.

- ♦ La supervisión de los adultos resulta imprescindible en este tipo de juegos. Una persona mayor debe escoger el terreno y supervisar su calidad: conviene evitar los suelos excesivamente pedregosos e inestables o una vegetación demasiado dura que pueda causar pequeñas heridas o molestias en la piel, como las plantas urticantes.

- ♦ Por esta razón siempre es aconsejable llevar un pequeño botiquín de primeros auxilios, equipado con lo imprescindible para tratar este tipo de problemas.
- ♦ Otro consejo de gran utilidad es la necesidad de acotar el terreno. No estamos hablando de que ponga límites férreos a las ansias de libertad de los pequeños sino de que, antes de iniciar el juego, acuerde con ellos una delimitación natural del espacio: «No se puede pasar de aquel grupo de árboles ni de aquella pequeña colina». Así conseguirá que ninguno de los pequeños pueda despistarse y perderse: recuerde que la naturaleza siempre es traicionera.

42. ¿A que no me encontráis?

• **Preparación:** no se necesita ningún tipo de preparación.

• **Finalidad del juego:** aprender a desenvolverse con facilidad por un terreno distinto del habitual.

• **¿Cómo se juega?:** se echa a suertes quién va a ser el niño que se esconda. Todos los demás mantendrán los ojos cerrados y contarán hasta un número determinado, preferiblemente un número alto. Ese momento lo aprovechará el jugador escogido para camuflarse lo mejor posible entre la naturaleza. A medida que vayan acabando de contar empezará la búsqueda del compañero, pero se tratará de una búsqueda individual ya que todos los jugadores se dispersarán por la montaña siguiendo direcciones diferentes. A medida que los niños encuentren a su compañero deberán esconderse con él (detalle que tendrá que tener en cuenta el niño que elija el escondite ya que éste deberá ser lo suficientemente grande como para acoger a varios compañeros). De esta manera llegará un momento en que todos los niños excepto uno estén escondidos. El último jugador en descubrir el escondite será quien pierda en este juego.

43. La conquista del árbol

• **Preparación:** se necesita tener localizado un árbol grande rodeado de terreno llano por el que se pueda correr con facilidad. Se debe delimitar parte de ese terreno como el área de uno de los equipos.

• **Finalidad del juego:** desarrollar la motricidad y los reflejos.

• **¿Cómo se juega?:** se reparten los niños en dos grupos formados por el mismo número de jugadores: uno será el equipo de los atacantes y el otro, el de los defensores. Los defensores, como su nombre indica, deberán defender el árbol del ataque enemigo. Para ello se colocarán alrededor del árbol en cualquier lugar dentro del terreno delimitado, pero manteniendo como mínimo un metro de distancia con él. Los atacantes intentarán por todos los medios llegar al árbol pero evitando ser tocados por los defensores. Si un atacante alcanza su objetivo, uno de los defensores (lo podrá elegir el atacante) deberá abandonar el campo de juego, y ese jugador podrá volver a salir del terreno del árbol para intentar lograr nuevamente la conquista del árbol. Por el contrario si los defensores consiguen atrapar a uno de los atacantes lo harán prisionero y lo llevarán al árbol. A medida que el número de prisioneros vaya aumentando, éstos podrán cogerse de las manos y formar una cadena para facilitar su liberación, pero con la condición de que uno de ellos siempre esté en contacto con el árbol. Si un atacante logra burlar a los defensores y penetra en el campo enemigo, puede liberar a sus compañeros con sólo tocar a uno de ellos. Si los defensores consiguen atrapar a todos los atacantes, su equipo habrá ganado el juego; si por el contrario los atacantes logran eliminar a la mitad de los defensores, su equipo será el vencedor.

44. Un comedero para pájaros

• **Preparación:** se necesitan un cartón de leche vacío, unas tijeras, cuerda y alpiste para pájaros.

• **Finalidad del juego:** potenciar en el niño el amor por los animales y por la naturaleza.

• **¿Cómo se hace?:** cuando tengamos el cartón de leche vacío recortamos la parte superior y con ayuda de las tijeras realizamos unas ventanas, lo más grandes que podamos, en cada una de las caras del cartón. En la parte superior hacemos dos pequeños agujeros por los que pasaremos la cuerda para colgar el comedero de una rama baja de cualquier árbol. Una vez colocado en el sitio que consideremos más adecuado, no debemos olvidar lo más importante: llenar la parte inferior del cartón con alpiste o comida para pájaros. El resto es sólo cuestión de paciencia. Si nos alejamos lo suficiente y permanecemos lo bastante quietos para no asustarlos, seguro que los pájaros pronto aceptarán la invitación y acudirán al comedero con asiduidad.

• **Consejo:** conviene acordarse de renovar la comida cada cierto tiempo para garantizar la presencia continua de pájaros.

45. El millonario

• **Preparación:** el director del juego antes del comienzo del mismo tiene que preparar el material que se va a utilizar. En unos rectángulos de papel de diferentes tamaños (que serán los billetes) escribe una cifra cualquiera (5, 10, 20, 25, 50, 100, etc.) que corresponderá con el valor del billete.

• **Finalidad del juego:** desarrollar las dotes de observación.

• **¿Cómo se juega?:** el director del juego, sin que los niños lo vean, tiene que esconder los billetes en diferentes lugares de la montaña. Para ello deberá tener en cuenta el valor de los billetes y elegir los escondites menos visibles para los más valiosos, y viceversa: debajo de una piedra, enganchado en una rama, entre las hojas de un arbusto o junto a unas setas... cualquier lugar es bueno para esconder el botín. Cuando el director dé la señal los jugadores podrán empezar a buscar los billetes. Pasados unos minutos el director hará una nueva señal que indicará el final de la búsqueda. Los jugadores deberán regresar al punto de partida y contar el valor de los billetes que hayan encontrado. Ganará el que haya logrado amasar la mayor fortuna.

• **Consejo:** es importante que el director del juego tenga muy claro el número de billetes que ha escondido para recoger todos aquellos que no hayan sido encontrados una vez finalizado el juego. Bajo ningún concepto debemos contribuir a ensuciar todavía más la ya maltrecha naturaleza.

46. El mensajero y el espía

• **Preparación:** sólo se necesita papel para escribir el mensaje y dividir a los jugadores en dos equipos: los mensajeros y los policías.

• **Finalidad del juego:** potenciar las estrategias por equipos.

• **¿Cómo se juega?:** uno de los equipos debe pasar un mensaje al otro equipo a través de un espía. ¿Cómo lo hará? El equipo de los mensajeros debe elegir a uno de sus jugadores para transportar el mensaje escrito en un trozo de papel. Ese jugador llevará escondido el mensaje en cualquier parte de su cuerpo para que sea difícil su localización. El equipo de los policías, que deberá interceptar el mensaje, no sabrá qué jugador es el auténtico mensajero, por lo que tendrá que registrar a todos los jugadores que pille. Pero además el equipo de los mensajeros tendrá que elegir a un jugador del otro equipo para que se convierta en su espía. Antes de iniciar el juego, los policías irán acercándose al otro equipo uno por uno y los mensajeros les dirán «tú no serás el espía» o «tú serás el espía». El niño que sea elegido espía deberá ocultar su identidad y actuar como si fuera un policía ya que sus compañeros no deben descubrir quién es. Una vez establecidos los roles, los equipos se separan y se dispersan por la montaña. Cuando dé comienzo el juego, los falsos mensajeros intentarán captar la atención de sus adversarios, pero de una manera sutil para despistarles sobre el verdadero mensajero, que deberá buscar al espía para pasarle el mensaje. Si los policías detienen al mensajero auténtico y le descubren el mensaje antes de que llegue a su destinatario, habrán ganado la partida. Si por el contrario el espía recibe el mensaje, habrá ganado el equipo de los mensajeros.

47. Críquet francés

• **Preparación:** un trozo de madera a modo de bate, un tanto achatado en su zona superior, o incluso una raqueta de tenis o de *paddle*, y una bola blanda, por ejemplo una de tenis.
• **Finalidad del juego:** desarrollar la movilidad, la flexibilidad y los reflejos.

• **¿Cómo se juega?:** este juego resulta ideal para ser practicado al aire libre por varios jugadores, entre seis y diez. Uno de los participantes coge el bate, a la altura de sus piernas. Otro se sitúa en posición de lanzamiento, a unos cinco metros de distancia aproximadamente, mientras los demás jugadores se sitúan detrás de este último. El lanzador tira la bola suavemente hacia las piernas del bateador, que debe golpearla con el bate. Si la pelota toca las piernas del bateador, o si alguno de los restantes jugadores coge la pelota bateada sin que ésta toque el suelo, el bateador queda eliminado. Entonces, éste es reemplazado por el jugador que ha lanzado la pelota o por el que la ha recogido en el aire. En el caso de que el bateador consiga batear sin que nadie pueda coger la bola, se anotará una carrera: para ello, cogerá el bate con ambas manos y lo hará pasar por detrás de su espalda. Ganará el jugador que, tras una serie establecida de lanzamientos (entre veinticinco y cincuenta), anote el mayor número de carreras.

48. Cerezas al cerezo

• **Preparación:** se necesita un trozo de tela opaca para poder vendar los ojos de uno de los jugadores.
• **Finalidad del juego:** desarrollar el equilibrio y el sentido de la percepción y la orientación espacial.
• **¿Cómo se juega?:** es un juego ideal para un grupo de entre seis y diez niños. Uno de ellos se sitúa en una posición central, con los ojos vendados y con los brazos estirados a modo de «cerezo». El resto de jugadores, las «cerezas», coge cada uno un dedo del jugador-árbol. Una vez se han colocado todos en posición inicial,

el cerezo dice: «¿Todos listos?». Cuando los demás responden que sí, el primero empieza a contar rápidamente hasta 10, mientras las cerezas se alejan a toda velocidad del árbol. Al llegar a 10, el cerezo grita: «¡Cerezas al cerezo!», y los demás jugadores deben pararse en el lugar en que se encuentren. El jugador con los ojos vendados debe intentar que todas las cerezas vuelvan al árbol, tocando sus cabezas con las manos-ramas. El último participante en regresar al árbol es el ganador: a él corresponderá el honor de ser el siguiente cerezo.

49. Llenar el cubo

• **Preparación:** se necesitan dos cubos y un plato hondo por equipo.
• **Finalidad del juego:** desarrollar el sentido del equilibrio y la movilidad del niño.
• **¿Cómo se juega?:** se trata de un juego de competición por equipos, que se distribuirán según el número de participantes. Así pues, el mínimo será de dos equipos de dos o tres miembros, y el máximo, en función del número de jugadores. En la posición de partida se colocan sendos cubos llenos de agua por equipo, y a unos quince metros en línea recta, los respectivos cubos vacíos. El juego consiste en traspasar toda el agua de los cubos llenos hasta los vacíos, utilizando un plato por equipo. Se trata, pues, de una carrera de relevos: el primer jugador de cada equipo llena el plato y avanza hacia el cubo vacío, procurando que el agua no se derrame; la vierte y regresa corriendo con el plato vacío para entregárselo al segundo jugador de su equipo, que repite la operación, y así sucesivamente hasta que el cubo inicial se vacíe.

La gracia del juego consiste en conjugar velocidad y destreza, ya que puntúa tanto el equipo que consigue acabar primero como el que consigue trasladar mayor cantidad de agua. Un adulto debe decidir cuál es el equipo ganador en función de la cantidad de agua y del ritmo de la carrera.

50. Cruzar el puente

• **Preparación:** no se necesita ningún elemento especial.
• **Finalidad del juego:** desarrollar la velocidad y los reflejos del niño.
• **¿Cómo se juega?:** este juego es ideal para cuando hay un número muy grande de participantes, entre veinte o treinta como mínimo. Por ello resulta muy aconsejable en fiestas infantiles al aire libre. Los jugadores se distribuyen en dos hileras, separadas entre sí por una distancia de unos quince a veinte metros, y en el centro de este pasadizo se coloca un jugador. Cuando éste grita: «¡Cruzar el puente!», los miembros de cada hilera se lanzan a la carrera para alcanzar la posición opuesta. La misión de los jugadores es conseguir no ser capturados por el del centro y, al mismo tiempo, no chocar contra los jugadores que vienen del otro lado, ya que un encontronazo frenaría su velocidad y facilitaría la labor del capturador. Cada uno de los jugadores cazados pasa a formar parte del grupo central de cazadores. De este modo, cada vez es mayor el número de cazadores y menor el de presas, con lo que la emoción aumenta considerablemente. El último en ser capturado es el ganador y ocupará la posición central en la siguiente ronda.

51. Una ginkana campestre

• **Preparación:** como en cualquier ginkana el director del juego preparará previamente las pruebas. Para ello necesitará papel y algo para escribir, así como pinturas de diferentes colores. Asimismo, los equipos que participen en la ginkana deberán llevar consigo una bolsa para poder recoger las diferentes pruebas que se les pida a lo largo del recorrido.

• **Finalidad del juego:** potenciar la competitividad sana y aumentar el conocimiento de la naturaleza.

• **¿Cómo se juega?:** el director del juego antes de dar comienzo a la ginkana habrá preparado todas las pruebas y las habrá escondido en diferentes lugares a lo largo de todo el terreno escogido para desarrollar el juego. Por un lado habrá escrito en papeles las pruebas que los equipos deberán realizar. Estas pruebas estarán relacionadas preferiblemente con el mundo de la naturaleza, aprovechando así la oportunidad de descubrir el entorno natural en el que se encuentran. Asimismo podrá haber pruebas falsas, marcadas de una determinada manera, que no se deban realizar. Las pruebas pueden ser del tipo:

1. Tenéis que traer cinco hojas de diferente forma y tamaño.
2. Conseguid una amapola.
3. Recoged por lo menos diez piñones.
4. Traed tres tréboles (si encontráis uno de cuatro hojas ganaréis dos puntos más).
5. Conseguid cuatro piedras del mismo tamaño.
6. Traed cinco hormigas vivas.
7. Recoged todas las botellas, latas, papeles o colillas que encontréis en el camino.

Pero para poder resolver bien las pruebas, primero tendrán que encontrarlas. Para ello el director del juego habrá dejado pistas por la montaña de más fácil visibilidad que las pruebas. Las pistas estarán señaladas con pintura y mediante un código secreto que sólo conocerán los participantes de la ginkana.

El código puede ser del tipo:

dirección correcta

camino equivocado

prueba en los alrededores

prueba auténtica

falsa prueba

Los diferentes equipos partirán del mismo punto con una diferencia de cinco minutos. De esta manera el director del juego podrá determinar cuál es el equipo ganador, teniendo en cuenta no sólo el resultado de las pruebas (que según el grado de dificultad sumarán uno, dos o tres puntos), sino también el tiempo que hayan tardado en realizar todo el recorrido. Las pruebas falsas que se hayan resuelto restarán puntos, por lo que conviene estar muy atento a los códigos.

52. Cacerolas y sartenes

• **Preparación:** se necesitan diversos objetos que puedan hacer bastante ruido (cacerolas, sartenes, pitos, latas, etc.).

• **Finalidad del juego:** desarrollar el sentido de la orientación a través del oído.

• **¿Cómo se juega?:** por parejas, los niños se esconden en diferentes lugares de la montaña. Cada una de esas parejas estará equipada con objetos ruidosos que puedan orientar a los buscadores sobre su situación. La pareja encargada de buscar a sus compañeros (se echa a suertes previamente) dará un margen de tiempo (cinco o diez minutos) para que sus compañeros de juego se escondan. Una vez pasado ese tiempo, las parejas escondidas deberán hacer ruido cada veinte o treinta segundos y después permanecer en silencio. Ese ruido será el que revele su escondrijo siempre y cuando los buscadores agudicen bien el oído, ya que a menudo se mezclarán los sonidos de unas y otras parejas. A medida que las vayan encontrando, las parejas se sumarán a la búsqueda. Ganará la última pareja en ser encontrada.

53. ¿Construimos una cabaña?

• **Preparación:** dependiendo del tipo de cabaña elegido se pueden utilizar unos u otros materiales, pero los más utilizados suelen ser las ramas secas, las cañas de bambú, las hojas secas y la cuerda.

• **Finalidad del juego:** hacer una cabaña es mucho más que la construcción física de un refugio. Para muchos niños su cabaña es su espacio privado y particular, hecho a su imagen y semejanza, que les permite desarrollar plenamente su personalidad.

• **¿Cómo se hace?:** realmente no existe una técnica recomendable para hacer cabañas, ya que depende tanto del lugar escogido y de los materiales de los que dispongamos como de la imaginación de los pequeños «arquitectos». Aquí proponemos un modelo de cabaña estilo indio, de fácil construcción siempre y cuando hallemos los materiales necesarios. Lo primero que hay que hacer es elegir el lugar donde vamos a construir la cabaña. Lo segundo, buscar una rama de árbol un poco gruesa, uno de cuyos extremos a su vez presente una pequeña ramificación. Cuando la hayamos encontrado (a menudo buscar los materiales es casi tan divertido como utilizarlos) la fijaremos en el suelo con la ramificación hacia arriba, de manera que quede bien clavada ya que será el pilar que sostenga el resto de la cabaña. A continuación hay que buscar diferentes palos o ramas, de longitud parecida, para apoyar uno de sus extremos en el suelo (a cierta distancia del palo central) y el otro en la ramificación del palo mayor. Con la cuerda fijamos fuertemente el punto en el que se unen todas las ramas. Cuantas más ramas logremos colocar, más sólida será la estructura de la cabaña. Una vez formado el esqueleto, lo forraremos con ramas y hojas secas (siempre secas para no arrancar las verdes de los árboles) utilizando la cuerda siempre que sea necesario. Dejaremos una abertura entre dos de las ramas para utilizarla como entrada. Aunque no será muy espacioso ni muy confortable, los niños tendrán su espacio particular en el que poder refugiarse siempre que lo deseen.

54. La guerra de los globos

• **Preparación:** se necesitan varios globos (uno por niño) de dos colores diferentes.

• **Finalidad del juego:** desarrollar los reflejos y favorecer la comunicación y el diálogo en equipo.

• **¿Cómo se juega?:** los niños se dividen en dos equipos con el mismo número de jugadores cada uno. Cada uno de los equipos tendrá asociado un color (uno de ellos tendrá los globos rojos y el otro los azules, por ejemplo) y una zona de la montaña. Cada niño inflará su globo y lo atará a la rama de un árbol cualquiera, siempre teniendo en cuenta que en un mismo árbol no puede haber más de un globo. El juego consiste en pinchar los globos del rival sin que el equipo contrario pinche los propios. Cuando el director del juego dé la salida, los jugadores de uno y otro equipo tendrán que intentar llegar a los globos contrarios y pincharlos pero defendiendo los suyos al mismo tiempo. Los miembros de cada equipo se pueden poner de acuerdo para dividir el trabajo y elegir a algunos de los niños como «pinchadores» y a otros como «defensores». Cada equipo podrá optar por el plan de ataque que prefiera. Ganará aquel que primero pinche los globos del equipo rival.

55. La telaraña

• **Preparación:** para hacer la telaraña se necesitan unos veinte metros de cuerda de aproximadamente medio centímetro de grosor y cabos pequeños o gomas elásticas para atar las intersecciones de las cuerdas. Conviene, además, tener localizados dos árboles resistentes separados por una distancia de unos dos metros.

• **Finalidad del juego:** aprender a tomar decisiones y estimular la colaboración en grupo.

• **¿Cómo se juega?:** lo primero que hay que hacer es construir una telaraña entre los dos árboles escogidos. Pasaremos la cuerda de un árbol a otro por diferentes puntos, formando las intersecciones con los cabos o las gomas elásticas, de manera que obtengamos diferentes agujeros y de distinto tamaño (pero intentando que no sean muy pequeños ya que hay que pasar por ellos). A continuación se forman dos equipos con el mismo número de jugadores y procurando que las alturas y los pesos de los participantes estén bien repartidos. El juego consiste en atravesar la enorme telaraña: debe pasar cada uno de los miembros por un agujero distinto (un mismo agujero no puede ser atravesado dos veces) y sin tocar la telaraña ya que eso atraería a la tarántula gigante. Si alguno de los niños toca la «tela» deberá volver al punto de partida y ceder su turno a otro juga-

dor. Para lograr el objetivo con éxito es importante que los jugadores se ayuden unos a otros a pasar la telaraña. Lo ideal es que
los primeros pasen por los agujeros inferiores y los últimos,
por los superiores con ayuda de los compañeros (en volandas,
por ejemplo).

Ganará el equipo que consiga llevar a todos sus miembros
al otro lado de la telaraña en el menor tiempo posible.

56. El ciempiés

• **Preparación:** no se necesita ninguna preparación.
• **Finalidad del juego:** estimular la comunicación no verbal y
la coordinación dentro del grupo.
• **¿Cómo se juega?:** se forman varios equipos de 4 o 5 miembros
cada uno, colocados en fila india y cogidos únicamente por los
hombros. Todos llevan los ojos cerrados menos el último de cada
fila que será quien dé las órdenes con la mano. El código se establecerá anteriormente y será el mismo para todos los grupos. Por
ejemplo: una palmada en el hombro significa seguir adelante; dos
palmadas, girar a la derecha; una palmada en la espalda, ir más
deprisa, etc. La comunicación entre los miembros siempre se establecerá a través de ese código, por lo que todos los jugadores
deberán permanecer en absoluto silencio durante la duración del
juego. Los grupos, dispersos por una zona limitada de la montaña, deberán juntarse para formar un único ciempiés. Para ello
la primera persona de cada fila, siguiendo las indicaciones de sus
compañeros, intentará alcanzar a la última de otra fila que, nada
más ser alcanzada, cerrará los ojos. El juego acabará cuando todos
los grupos se hayan unido formando un gran ciempiés.

IV. EN LA NIEVE

Otro de los espacios naturales que goza de mayor predilección en el mundo de los niños es la nieve. Cada invierno la imaginación infantil se desborda ante la posibilidad de que la naturaleza les conceda el regalo de una buena nevada, a ser posible tan intensa que obligue a cerrar los colegios para poder disfrutar plenamente de la nieve. Los terrenos nevados ofrecen posibilidades ilimitadas para los juegos de los niños, pero también constituyen un espacio natural lleno de riesgos. En este apartado introductorio daremos algunos consejos para que la nieve se convierta en el mejor aliado de la diversión infantil.

LAS VENTAJAS DE LA NIEVE

Como terreno de juegos, la nieve está asociada al entorno natural y al aire libre. Esto ya constituye un factor muy positivo, debido al grado de libertad de que disfrutan los pequeños y a la posibilidad de respirar aire fresco y puro.

Otra de las ventajas que ofrecen los terrenos nevados es la calidad de su suelo como espacio para juegos. La nieve es un elemento dúctil y moldeable, que permite tanto la actividad puramente física como el desarrollo de la capacidad creativa de los pequeños.

Por otra parte, la nieve en polvo constituye un suelo blando y mullido, ideal para que los niños puedan corretear y revolcarse sin temor a sufrir daños de especial gravedad.

LOS INCONVENIENTES DE LA NIEVE

Como todo elemento natural, la nieve ofrece también algunos riesgos que se deben tener muy en cuenta. Por una parte, hemos de recordar que la nieve no es otra cosa que agua helada y que, por tanto, la temperatura ambiental se encontrará a un nivel térmico muy bajo. Por ello es conveniente extremar las precauciones en lo que respecta a la indumentaria de los niños, que deben ir convenientemente equipados con ropa y calzado adecuados a tal fin.

Por otra parte, hay que tener en cuenta que la nieve no siempre está en condiciones óptimas para el juego. En muchos casos se forman sobre el terreno nevado placas de hielo que presentan un alto grado de dureza y deslizamiento. Estas placas pueden provocar caídas y resbalones con un grave riesgo para los pequeños. Por tal razón los adultos deben supervisar las características físicas del terreno antes de permitirles desarrollar sus actividades lúdicas.

En resumen, los principales enemigos del juego en la nieve son el frío y el hielo.

CONSEJOS ÚTILES PARA JUGAR EN LA NIEVE

♦ La temporada de los juegos de nieve se circunscribe a la época invernal. Por ello debe procurar que los pequeños lleven el vestuario adecuado para soportar los rigores climáticos, prestando especial atención al calzado.

♦ Por mucha ropa que lleven los pequeños, no es conveniente que pasen demasiado tiempo al aire libre. El máximo recomendado es de unas dos horas.

♦ Controle la calidad de la nieve como terreno de juegos. Recuerde que su estado óptimo es la denominada nieve en polvo, que permite a los niños disfrutar plenamente sin temor a sufrir graves caídas.

♦ Asimismo, los adultos deben tener en cuenta el nivel de altura de la nieve. Si se trata de una capa nívea superficial, el terreno de base puede ser muy pedregoso.

♦ Si la nieve es muy dura o resbaladiza, no permita que los niños practiquen juegos que impliquen mucha actividad física, ya que los riesgos se incrementan notablemente. La nieve ofrece posibilidades lúdicas de índole más creativa que conjugan diversión y seguridad.

57. ¿Hacemos un muñeco?

• **Preparación:** es conveniente disponer de diferentes objetos y accesorios para colocárselos al muñeco.

• **Finalidad del juego:** familiarizarse con la nieve y desarrollar la imaginación.

• **¿Cómo se juega?:** para hacer un muñeco de nieve no hace falta estar a 1.000 metros de altura en plena pista de esquí. La nieve caída en el jardín de nuestra casa, en nuestra calle o en el patio del colegio a menudo es suficiente para hacer un divertido muñeco que, con toda seguridad, tendrá una corta existencia (es importante que los niños estén mentalizados de ello para que no se frustren si al cabo de unas horas su obra de arte se ha deshecho). Para realizar un muñeco de nieve no existe ninguna técnica concreta; todo depende de la imaginación de los pequeños. Los muñecos tradicionales que ilustran la mayoría de cuentos y dibujos infantiles están hechos con un par de bolas de nieve (una de mayor tamaño para el cuerpo y otra menor para la cabeza), que se completan con una zanahoria que hace las veces de nariz, un sombrero y una escoba. Pero la imaginación no tiene límites y los modelos utilizados para hacer muñecos pueden ser de lo más variado: en vez de un muñeco anónimo se puede intentar representar a un compañero (y ponerle sus accesorios para que resulte fácil su identificación), crear figuras de animales, hacer toda una familia de muñecos de nieve, etc.

58. Seguir a la madre

• **Preparación:** se necesita el equipo completo para esquiar y estar en una pista de esquí.

• **Finalidad del juego:** aprender a controlar el propio cuerpo y adquirir seguridad en los desplazamientos por la nieve.

• **¿Cómo se juega?:** todos los niños se colocan formando una fila india que encabezará el niño que posea la mejor técnica esquiadora. Guardando una distancia de aproximadamente un metro entre uno y otro, los participantes en el juego deberán imitar todos aquellos movimientos que realice el primero de la fila, es decir, la «madre»: girar donde él gire, apoyar los palos donde él los apoye, imitar su posición corporal, etc. Éste, lógicamente, deberá buscar un recorrido que sea accesible a todos sus compañeros, teniendo en cuenta que el nivel puede variar de unos a otros.

• **Consejo:** si uno de los niños pierde el equilibrio y se cae, sus compañeros tendrán que avisar a la «madre» (que al estar de espaldas difícilmente se dará cuenta), quien deberá detenerse y esperar que el niño se reincorpore al grupo.

59. Atacar al enemigo

• **Preparación:** se necesitan esquís o raquetas para la nieve y banderines de colores (que se pueden sustituir por palos de esquí y gorros, guantes o bufandas).

• **Finalidad del juego:** desarrollar los reflejos y dominar la técnica del esquí de una manera divertida.

• **¿Cómo se juega?:** se forman dos equipos con el mismo número de jugadores, que se dividirán en atacantes y defensores. Los defensores se dirigen todos juntos a un lugar cualquiera de la montaña, a cierta distancia del punto de partida, y levantan varios pequeños montículos de nieve en los que colocarán un banderín de colores o, en su defecto, un palo de esquí coronado con un gorro o un guante, por ejemplo. Una vez distribuidos los botines, los defensores se colocarán cerca de ellos pero a una distancia mínima de unos cinco metros, atentos a la llegada de sus enemigos. Al cabo de unos veinte o treinta minutos, salen los atacantes en su busca, siguiendo su rastro en la nieve. Cuando los descubran, deberán atacarles para intentar hacerse con los banderines. Las armas de uno y otro equipo serán las bolas de nieve. Cuando un jugador sea alcanzado en cualquier parte del cuerpo por una bola, quedará eliminado. El juego terminará cuando los atacantes hayan conseguido robar todos los banderines o cuando los defensores hayan eliminado a todos los atacantes.

60. Unos trineos muy especiales

• **Preparación:** cada niño necesita una bolsa bastante grande de plástico (las de basura industrial, por ejemplo). Asimismo es necesario estar en una pendiente lo bastante inclinada como para poder deslizarse por ella, pero sin que resulte peligroso.

• **Finalidad del juego:** fomentar la competitividad sana y aprender a controlar el cuerpo.

• **¿Cómo se juega?:** las carreras de trineos en la nieve son realmente muy divertidas y algo que gusta a casi todos los niños. Pero un trineo no es algo que esté al alcance de cualquiera, por lo que resulta interesante descubrir alternativas que garanticen la misma diversión. Una de ellas puede ser la sustitución de trineos por bolsas de plástico grandes, que permitan deslizarse por la superficie nevada con facilidad. Todos los participantes saldrán del mismo punto en el momento en que el director del juego dé la señal y quien primero llegue a la meta (puede marcarse una raya en la nieve) habrá ganado. Los niños pueden estar sentados encima de las bolsas, cogiéndose a la parte anterior de las mismas, o estar boca abajo con el estómago en contacto con la bolsa.

• **Consejo:** es importante que antes de empezar las carreras el director del juego supervise el terreno para asegurarse de que no haya piedras o ramas que puedan resultar peligrosas o molestas durante el descenso.

61. Relevos en trineo

• **Preparación:** se necesitan un trineo por equipo y varios banderines.

• **Finalidad del juego:** adquirir el dominio del esquí de una manera divertida.

• **¿Cómo se juega?:** se organizan varios equipos en función del número de jugadores que haya y se colocan los banderines formando un recorrido de eslalon idéntico para cada equipo. En la parte más alta de la montaña se dibuja una línea de partida detrás de la cual se colocarán todos los participantes. Cuando el director del juego dé la señal de salida, los primeros jugadores de cada equipo iniciarán el descenso guiando el trineo con los pies y evitando los banderines. Cuando ese participante haya llegado al último banderín tendrá que remontar la montaña a pie para entregarle el trineo a su compañero de equipo. Pero si durante el descenso ha derribado algún banderín, durante la subida tendrá que detenerse y volver a colocarlo en su sitio (lo que le hará perder algunos segundos). El segundo niño de cada equipo deberá realizar el mismo circuito y entregar el trineo al siguiente. Así sucesivamente hasta que el último participante de cada equipo llegue a la meta. Ganará el equipo que haya acabado el recorrido en el menor tiempo posible.

62. Tiro al blanco

• **Preparación:** sólo se necesita un palo de esquí.
• **Finalidad del juego:** desarrollar las nociones de distancia y espacio a través de la puntería.
• **¿Cómo se juega?:** se coloca un palo de esquí en la nieve de tal manera que quede bien clavado en el terreno. A una distancia aproximada de unos cinco o diez metros se marca una línea, tras la que se situarán todos los participantes. Por turnos, todos los niños deberán lanzar bolas de nieve al palo con la intención de derribarlo. El niño que consiga que el palo caiga sobre la nieve habrá ganado. Aunque parezca bastante sencillo, acertar un objetivo tan delgado es realmente complicado.
• **Consejo:** la distancia entre el palo y los tiradores se puede variar en función de la puntería de los niños.

63. Cadena de lavado

• **Preparación:** los niños deben ir convenientemente equipados con guantes y gorros, ya que deberán arrastrarse por la nieve.

• **Finalidad del juego:** desarrollar las funciones psicomotrices del niño y el sentido de cooperación.

• **¿Cómo se juega?:** los jugadores se colocan de rodillas, en dos hileras rectas formando un pasadizo de unos dos metros de amplitud. Uno de ellos debe pasar por este corredor, andando a gatas: este jugador es el automóvil. Los miembros de la cadena de lavado adoptan, por parejas enfrentadas, una determinada función: la primera pareja, aspersión (arrojando nieve sobre el vehículo); la segunda, frotado (frotando nieve enérgicamente sobre la carrocería); y la tercera, secado (quitando toda la nieve del cuerpo del jugador). Si hay más parejas, se reiniciará el proceso de aspersión-frotado-secado: el vehículo saldrá reluciente de esta cadena de lavado, y ocupará el primer puesto en la cadena para proceder al lavado del siguiente automóvil.

64. La bola ciega

• **Preparación:** vendas para todos los participantes en el juego menos una, y, como en todos los juegos de nieve, controlar el vestuario de los pequeños.

• **Finalidad del juego:** desarrollar el sentido de la percepción acústica y la orientación espacial.

• **¿Cómo se juega?:** todos los participantes menos uno se disponen en un círculo suficientemente amplio (de unos diez metros de diámetro) y se colocan sus respectivas vendas en los ojos (un adulto debe controlar que los pequeños no puedan ver nada). El otro jugador se coloca en el centro del círculo y va nombrando individualmente a los demás participantes. Cuando cada jugador oye su nombre, debe coger una bola de nieve y lanzarla hacia el centro del círculo, guiado por la voz. Si el jugador del centro consigue esquivarla, es muy probable que haga impacto en otro de los miembros del círculo, lo que sin duda aumentará la diversión del juego. Pero si la bola alcanza al jugador central, deberá gritar «¡Tocado!» e intercambiar su lugar con el lanzador y colocarse la venda de éste. Un adulto supervisará que el jugador del centro no engañe a los del círculo, y que se nombre equitativamente a todos los lanzadores.

65. El patinador ciego

• **Preparación:** una venda por cada equipo, patines y equipamiento de protección.

• **Finalidad del juego:** desarrollar la orientación espacial y la percepción acústica.

• **¿Cómo se juega?:** este juego resulta ideal en superficies lisas de hielo, pero también se puede adaptar al asfalto. Se trata de una competición por equipos, por lo que los jugadores se distribuirán en grupos según el número de participantes. Lo conveniente es que cada equipo esté formado por un mínimo de 6 jugadores, que se situarán en una fila con una separación entre cada miembro de unos cinco metros como mínimo. El patinador escogido por cada equipo, con los ojos vendados, deberá avanzar siguiendo las indicaciones dictadas por los miembros de su equipo, que no pueden moverse del sitio. Por tanto, deberán intentar guiar al patinador procurando que no choque con ellos, ya que le harían perder ritmo y velocidad. Ganará el equipo del patinador que llegue primero a la meta establecida previamente.

JUEGOS DE INTERIOR

Es muy probable que el segundo gran apartado de esta obra despierte un mayor interés entre los adultos. Ello se debe a que resulta muy sencillo entretener a los niños cuando se encuentran en un espacio abierto y natural. Sin embargo, es mucho más difícil divertir a los pequeños cuando están encerrados entre las paredes de una vivienda, mediatizados e hipnotizados por la televisión y los videojuegos. Para combatir esta tendencia cada vez más generalizada, proponemos en este apartado una serie de juegos divertidos y fáciles de practicar en un espacio interior. Gracias a ellos no sólo conseguirá mantener entretenidos a sus hijos, sino que también logrará desarrollar su creatividad, mejorar su capacidad de aprendizaje y estimular su imaginación.

V. MANUALIDADES

Seguramente habrá observado que, ya en la misma mañana del día de Reyes, los sofisticados juguetes que con tanta ilusión esperaban sus hijos no causan el efecto esperado. La publicidad televisiva había despertado unas expectativas en los pequeños que pocas veces se corresponden con la realidad. Y, ante su asombro, al cabo de un rato los pequeños muestran más interés por el envoltorio y las cajas que por el juguete en sí. Con esos materiales fabrican un coche, una casa o una nave espacial, dejando a un lado el objeto de su desilusión. Aunque un tanto exagerado, éste es un ejemplo de cómo los niños prefieren en sus juegos la imaginación y la creatividad a la sofisticación.

TRABAJO MANUAL E IMAGINACIÓN

Como apuntamos en la introducción, el universo infantil es un mundo lleno de fantasía e imaginación. Los niños tienen un concepto muy distinto al nuestro acerca de los objetos y sus funciones: dos sillas juntas se convierten en una motocicleta y una caja de zapatos sirve de cuna a una muñeca o de garaje para los coches de juguete. De esta manera, los niños imitan el mundo de los adultos definiendo un nuevo universo en el que se mezclan realidad y ficción.

Los mayores deben estimular el rico potencial creativo que destila la imaginación infantil. Sin embargo, no deben intentar entrometerse en su singular universo o destrozárselo con la visión pragmática del mundo adulto. Si sus hijos le llaman para que vaya a la salita a ver el coche de bomberos que han hecho juntando una silla y varias cajas, reaccione con la lógica adecuada a esa mezcla de realidad y fantasía.

Esta «lógica» no es la que le hace exclamar: «¡Por Dios, cómo habéis puesto el suelo! ¿No os da vergüenza?». Eso podría herir el orgullo y la sensibilidad de los pequeños, especialmente susceptibles durante esos años. Al contrario, después de interesarse y elogiar sus «inventos» hay muchas maneras de recomendar a sus hijos que la próxima vez tengan más cuidado de no ensuciar o de no utilizar algunos objetos.

En estos casos, el papel que deben adoptar los adultos es el de aconsejar y apoyar a los pequeños, cooperar con ellos en todo lo que puedan y admirarse ante su trabajo y su dedicación. De este modo estimularán la creatividad de sus hijos, ocupados en algo realmente útil y que les sirve para desarrollar sus facultades de aprendizaje.

JUEGO MANUAL Y APRENDIZAJE

El desarrollo de las habilidades y destrezas del niño exige un proceso de aprendizaje lento y esforzado. Desde su más tierna infancia, el pequeño pone en práctica sus primeros actos intencionados, probando nuevas experiencias que le ayudan a adquirir progresivamente conocimientos manuales. De este modo consigue en primera instancia coordinar el manejo de objetos y observar la relación causa-efecto.

De forma paulatina, el niño va convirtiendo todo lo que le rodea en instrumentos, materiales o herramientas para el desarrollo de sus juegos. El pequeño observa continuamente e intenta imitar el mundo de los adultos trasladándolo a su escala y sus dimensiones. Así desarrolla un lenguaje constructivo particular, en el que no importa tanto que el objeto realizado sea reconocible por los mayores como el acto en sí del aprendizaje, del descubrimiento y de la adquisición de experiencias.

Como ya hemos dicho anteriormente, el papel de los adultos no debe ser determinista. Los mayores han de sugerir, enseñar a los pequeños las distintas posibilidades que ofrecen cada material o instrumento. Pero para ello no tienen que dar órdenes severas o coaccionar la libertad del niño, sino estimular su imaginación y dar ejemplo con su propio comportamiento.

EL JUEGO MANUAL Y EL NIÑO

Otra de las grandes ventajas que ofrecen las manualidades es que, durante el proceso creativo y de aprendizaje, el niño no necesita compañeros de juego. Aunque también resultan muy divertidas cuando se practican en grupo, la mayoría de manualidades permiten que el niño se divierta solo o en compañía de sus padres.

Así pues, gracias a la doble posibilidad de ser practicados en solitario o en grupo, los juegos manuales no sólo son buenos para el desarrollo personal y el aprendizaje, sino también para favorecer actitudes como la cooperación y el compañerismo. Y, además, para mejorar las relaciones entre hijos y padres.

CONSEJOS PARA HACER MANUALIDADES

♦ Los mayores son quienes deben supervisar los materiales e instrumentos que los pequeños van a utilizar en sus juegos. Los niños otorgan a los objetos funciones distintas a las que ejercen en el mundo adulto. Por tanto, los mayores han de proporcionar a los niños los materiales e instrumentos que pueden utilizar en sus juegos.

♦ En este sentido, no son aconsejables los objetos punzantes o cortantes, ni las materias tóxicas o peligrosas para la salud de los pequeños. La industria juguetera ha desarrollado una línea de materiales e instrumentos especialmente adecuados a este tipo de juegos manuales.

♦ Por último, controle siempre el desarrollo de los juegos pero sin limitar ni coartar la libertad de los pequeños. Unas sugerencias sutiles pueden resultar más útiles para avivar la imaginación de los niños que unas directrices severas y rígidas.

Normalmente decoramos nuestra casa cuando celebramos un día especial como puede ser un cumpleaños, la Navidad, una bienvenida, un aniversario de bodas, etc. En estos días señalados podemos transformar nuestro hogar en un espacio más alegre con guirnaldas, cadenetas y carteles, por ejemplo. El hecho de participar activamente en la decoración de la casa hará que el niño viva con más intensidad esos días y en consecuencia que también los disfrute y recuerde más.

66. Guirnaldas

• **Materiales:** papel de diferentes tipos (de revistas, papel cre-pé, papel charol), colores, rotuladores o pinturas, pegamento, una regla y tijeras.

• **Finalidad de la actividad:** desarrollar la destreza manual y la creatividad del niño.

• **¿Cómo se hace?:** con ayuda de la regla se cortan numerosas tiras de papel del mismo grosor (seis, siete u ocho centímetros) pero de diferentes colores. Los extremos de las tiras se unen con pegamento teniendo en cuenta que se han de enlazar unas tiras con otras, por lo que antes de pegarlas habrá que encadenarlas. El número de eslabones que formarán una guirnalda variará en función de la longitud de la misma. Si sólo se dispone de papel blanco para realizarlas se pueden decorar con pinturas o rotula-dores y conseguir un efecto similar al que se obtiene con tiras de diferentes colores.

• **Consejo:** para colgar las guirnaldas del techo, es preferible uti-lizar una goma adhesiva especial que engancha sin manchar en lugar de las tradicionales chinchetas que dejan las paredes llenas de agujeros.

67. Cadenetas

• **Materiales:** papel charol, pegamento, tijeras, un lápiz y una plantilla de cartón.

• **Finalidad de la actividad:** adquirir la noción de simetrías.

• **¿Cómo se hace?:** lo primero que hay que hacer es dibujar en una plantilla de cartón la forma que queramos que se repita en la cadeneta. Las figuras más utilizadas normalmente son las de personas ya que son fáciles de unir por las manos, pero también se pueden hacer figuras de animales (por ejemplo, unos elefantes que se unen mediante la trompa y la cola). Después debemos doblar el papel crepé en forma de acordeón tantas veces como longitud queramos que tenga la cadeneta. Cada uno de los pliegues debe medir aproximadamente diez o doce centímetros. Encima del papel se coloca la plantilla y se dibuja el contorno. A continuación se recorta la forma teniendo mucho cuidado de no cortar los extremos laterales por los que se deben unir las figuras (las manos, en el caso de figuras humanas; la trompa y la cola, en el caso del elefante). Cuando está recortado se despliega el papel y aparecerá la cadeneta.

Modelo para hacer una cadeneta

68. Carteles

• **Materiales:** papel de embalar, rotuladores, papel charol, tijeras y pegamento.

• **Finalidad de la actividad:** desarrollar la destreza manual y la creatividad del niño.

• **¿Cómo se hace?:** realmente para hacer carteles no hay ninguna técnica especial; depende más de la creatividad personal y de los materiales de los que se dispone en ese momento. Lo que sí es cierto es que los carteles, principalmente en la puerta de entrada, consiguen dar un aire muy festivo a la casa. Se puede recortar una tira horizontal de unos veinte centímetros de ancho y un metro y medio de largo de papel de embalar o papel blanco y pintar las letras de la palabra que se quiera escribir o pegar en ella las letras recortadas en papel de diferentes colores (*Felicidades*; *Bienvenidos a la fiesta*; *Feliz Navidad*...). También se puede añadir cualquier adorno que realce el cartel, como unos globos en los extremos de la tira o un enorme lazo encima del cartel. Todo vale a la hora de hacer un cartel alegre y divertido.

69. ¡Qué cara más rara!

• **Materiales:** hojas en blanco, revistas, rotuladores, tijeras y pegamento.

• **Finalidad de la actividad:** desarrollar la habilidad manual y el sentido de las proporciones.

• **¿Cómo se hace?:** esta actividad es mucho más divertida si se realiza en grupo. Lo primero que tenemos que hacer es coger las revistas y recortar numerosos ojos, narices, bocas, cabellos, orejas...; es decir, todas las partes que componen el rostro humano. Pueden ser de diferentes tamaños y de hombres y mujeres indistintamente. A continuación se agrupan en montones diferentes (uno para los ojos, otro para las bocas, otro para las narices, etc.) y se les da la vuelta. Cada uno de los niños cogerá las diferentes partes (dos ojos, una nariz, una boca, dos orejas...) y las pegará en la hoja en blanco intentando construir una cara lo más proporcionada posible. Con los rotuladores puede acabar de completar el dibujo. El resultado puede ser de lo más original.

70. Mamá se ha convertido en rana

• **Materiales:** fotos viejas o repetidas de los familiares y personas más allegadas a los niños (padres, hermanos, abuelos, tíos, canguros, vecinos, amigos, profesores, etc.), tijeras, rotuladores y hojas en blanco.

• **Finalidad de la actividad:** desarrollar la creatividad del niño mediante la manipulación de diferentes materiales y favorecer la libre expresión de sentimientos.

• **¿Cómo se juega?:** se recortan las caras de los familiares y personas cercanas y se pegan en la hoja en blanco. A continuación se dibuja el cuerpo que se quiera, cuanto más raro o divertido mejor: puede ser el de un animal o un cuerpo completamente diferente del que en realidad es (si la persona es alta y delgada se puede dibujar gordita y baja). Es importante que el cuerpo esté bien dibujado respecto a la cara y a ésta a su vez se le pueden añadir complementos como sombreros, pendientes, pañuelos, etc.

71. Mosaicos

• **Materiales:** papel charol de diferentes colores, una regla, tijeras, pegamento, hojas en blanco y un lápiz.

• **Finalidad de la actividad:** desarrollar la habilidad manual mediante la manipulación de materiales de pequeño tamaño.

• **¿Cómo se hace?:** lo primero que hay que hacer es dibujar en la hoja en blanco la figura que queramos representar (un jarrón con flores, un barco en el mar, la cara de un payaso, etc.). Después con ayuda de la regla y del lápiz marcamos en la parte posterior de las hojas de papel charol cuadrados de 1 centímetro de lado, y los recortamos con cuidado. Es conveniente poner todos los cuadrados del mismo color en un plato o en un recipiente para que no se mezclen ni se pierdan. A continuación ponemos pegamento en el dibujo y vamos enganchando los cuadrados de colores en las diferentes partes que lo componen. El resultado suele ser muy vistoso.

• **Consejo:** si los niños son pequeños es preferible que los dibujos tengan unos trazos grandes, fáciles de rellenar; pero si son mayorcitos pueden recrearse más en los detalles y utilizar cuadrados de un tamaño menor.

72. Coser y cantar

• **Materiales:** cartulina, rotuladores, pinturas, lana de diferentes colores, una aguja gorda y un dedal.

• **Finalidad de la actividad:** desarrollar la destreza manual y familiarizar al niño con el dominio del plano y del espacio a través de la costura.

• **¿Cómo se hace?:** en una cartulina se traza la figura de un dibujo de grandes rasgos. Se enhebra la aguja con la lana del color elegido y se pasa por todo el contorno, teniendo en cuenta que para que se vea el dibujo completo las puntadas deben ser grandes y el espacio entre puntada y puntada, mucho más pequeño. Por ejemplo, si la figura dibujada es una palmera, utilizaríamos lana de color marrón para el tronco y lana de color verde para las hojas. En la última puntada conviene hacer un nudo en la lana por la parte posterior de la cartulina para que éste no se vea. El interior del dibujo se puede colorear con pinturas. El resultado es un original cuadro que mezcla varias técnicas expresivas.

73. Cuadros con flores y hojas secas

• **Materiales:** una variedad de flores y hojas, periódicos, cartulina, pegamento, un cristal, un marco o unas grapas de cuadro.
• **Finalidad de la actividad:** desarrollar la creatividad, familiarizar al niño con materiales nuevos y enseñarle algo tan difícil como es saber esperar.
• **¿Cómo se hace?:** lo primero que hay que hacer es recoger un surtido de hojas y flores, cuanto más variado mejor. Una vez recogidas se deben poner a prensar entre las páginas de un periódico y éste a su vez entre un montón de libros. Se deben dejar así siete u ocho días. Cuando veamos que las hojas y las flores ya están secas, deberemos hacer la selección (las que más nos gusten o las que estén en mejores condiciones) y la composición del cuadro. Se pegan las hojas y las flores en la cartulina y se coloca el cristal encima. Lo último es colocar las grapas o el marco, y tenemos un precioso y original cuadro.

• **Consejo:** por experiencia aconsejamos utilizar preferiblemente cartulinas de colores marrones claros, naranjas o amarillos, que combinan muy bien con el color de las hojas y las flores.

74. Cuadros con velas

• **Materiales:** velas de cera blancas, acuarelas, un pincel y una hoja blanca de papel.
• **Finalidad de la actividad:** familiarizarse con materiales y técnicas diferentes.
• **¿Cómo se hace?:** utilizando la vela se hace un dibujo sobre la hoja de papel blanco. En ese momento apenas se verá. Una vez acabado el dibujo, hay que pintar con un color de acuarela toda la hoja. Al cabo de un rato, cuando la pintura se seque, aparecerá claramente el dibujo realizado con la vela.

75. Hacer caretas

• **Materiales:** cartulina, pinturas o ceras, goma elástica y tijeras.
• **Finalidad de la actividad:** desarrollar la creatividad del niño y favorecer un comportamiento desinhibidor.
• **¿Cómo se hace?:** en la cartulina se dibuja la forma de la careta que se desee. Ésta puede ser muy sencilla, pero aconsejamos poner un poco de imaginación y darle una forma más original. Se dibuja la forma de los ojos y se recortan para poder ver a través de la careta. Con las pinturas o las ceras se adorna y a con-

tinuación se hace un pequeño agujero a ambos lados por el que introduciremos la goma elástica, que deberemos anudar para evitar que se escape. Sin duda alguna las caretas, así como los disfraces, animarán cualquier reunión o fiesta infantil.

Modelo para hacer una careta

76. El rey y la reina

• **Materiales:** cartulina, tijeras, regla, pinturas o papel charol de distintos colores, pegamento y purpurina dorada.
• **Finalidad de la actividad:** desarrollar la habilidad manual y la creatividad del niño.
• **¿Cómo se hace?:** con ayuda de la regla se dibuja en la cartulina el contorno de la corona, pero abierta. Se recorta y a continuación se decora como se quiera. Para la decoración se pueden utilizar las pinturas, ceras o rotuladores, o se pueden recortar figu-

ras geométricas (redondas, rombos, cuadrados, etc.) en el papel charol de diferentes colores y luego pegarlas en la corona a modo de piedras preciosas. Cuando esté decorada, se pone pegamento en las puntas de la corona y se esparce la purpurina para que se quede pegada y le proporcione el brillo propio de las coronas reales. Una vez acabada, la corona se ajusta a la cabeza del niño y se pegan los extremos. Lista para ponérsela al rey de la casa.

• **Consejo:** a la corona de la reina se le puede añadir un trozo bastante largo de papel pinocho y unirlo a la parte de atrás de la corona mediante grapas. De esta manera y con un toque femenino se diferenciará claramente de la corona del rey.

77. ¿Nos ponemos pendientes?

• **Materiales:** barro, pinturas, barniz, pegamento y cierres o ganchos de pendientes (de los que venden en las tiendas de abalorios).

• **Finalidad de la actividad:** desarrollar la destreza manual y la creatividad.

• **¿Cómo se hace?:** se coge un trozo no muy grande de barro y se le da la forma que queramos que tenga el pendiente (una bolita, una redonda plana, un triángulo, etc.). A continuación se decoran los pendientes con las pinturas y, una vez secos, se les da una capa de barniz. Se pone pegamento en el cierre y éste se engancha en la parte posterior de los pendientes. Cuando se haya secado el pegamento, ya se pueden lucir unos personalísimos pendientes.

Si van a ser pendientes para colgar, hay que hacer un pequeño agujero en la parte superior de los mismos antes de que el barro se seque. Para ello se puede utilizar la punta de un palillo o de un alfiler. Una vez decorados, se insertan los ganchos y ya están listos.

78. ¿Te gusta mi pulsera?

- **Materiales:** muchos botones de colores, goma elástica y tijeras.
- **Finalidad de la actividad:** desarrollar la destreza manual fina.
- **¿Cómo se hace?:** se trata de una actividad muy sencilla pero muy recomendable para los más pequeños, ya que les ayuda a adquirir el dominio espacial. Lo primero que hay que hacer es calcular la longitud de la goma elástica poniéndola alrededor de la muñeca. Una vez cortada, se trata simplemente de insertar los botones en la goma de manera que ésta no se vea. Cuando esté llena de botones, se hace un pequeño nudo y ya se puede presumir.

79. Hacer un coletero

- **Materiales:** un trozo de tela, hilo y aguja, un imperdible, unas tijeras y goma elástica un poco ancha.
- **Finalidad de la actividad:** desarrollar la destreza manual.
- **¿Cómo se hace?:** con las tijeras se recorta un trozo de tela rectangular de unos 20 centímetros de largo y 8 de ancho. Se le da la vuelta a la tela y se dobla por la mitad, de manera que quede un rectángulo de 4 centímetros de ancho. A continuación se cosen las dos partes, dejando sin coser los extremos de la tira, y se le da la vuelta para que no se vea el hilo. Por otro lado, se ha de cortar un trozo de goma ancha de unos 10 centímetros (siempre más pequeña que la tela). Con ayuda del imperdible, que colocamos en uno de los extremos, pasamos la goma por medio de la tira de tela. Como la tela es más larga que la goma, deberemos ir arrugándola un poco para que la

goma pueda salir por el otro lado. Cuando veamos aparecer la goma, deberemos coserla al otro extremo que tenemos sujeto. Por último, sólo queda coser los extremos de la tela con un hilo discreto que no se vea demasiado, y ya tenemos un coletero a la última moda.

80. Posavasos de cartón

• **Materiales:** cartón, una regla, pinturas o ceras, tijeras y plástico transparente autoadhesivo.
• **Finalidad de la actividad:** desarrollar la creatividad.
• **¿Cómo se hace?:** con ayuda de la regla se dibujan en el cartón cuadrados de 8 centímetros de lado. Una vez recortados, se decoran con las pinturas o las ceras y, cuando éstas estén secas, se envuelven en el plástico autoadhesivo. De esta forma no se estropean si se mojan y son fáciles de limpiar.
• **Variedad:** lógicamente también se pueden hacer redondos o con cualquier otra forma. En este caso, el procedimiento será el mismo pero en vez de la regla utilizaremos un compás.

81. Salvamanteles personalizados

• **Materiales:** cartón, una regla, tijeras, pegamento, pinturas, revistas y plástico transparente autoadhesivo.
• **Finalidad de la actividad:** estimular la imaginación y fortalecer los vínculos familiares.

• **¿Cómo se hace?:** con ayuda de la regla se dibuja en el cartón un rectángulo de cuarenta centímetros de largo por treinta centímetros de ancho. Se recorta y se pinta de un color, distinto para cada miembro de la familia, teniendo en cuenta el color favorito de cada uno de ellos. Mientras la pintura se seca, se puede aprovechar para recortar fotos o dibujos de las revistas relacionados con las aficiones de cada uno de los miembros: por ejemplo, si a papá le gusta el fútbol, se pueden recortar futbolistas famosos, el escudo de su equipo, una pelota, etc.; si a un hermano le encantan los animales, se recortarán las fotos o dibujos de leones, osos, jirafas... que más nos gusten. Cuando la pintura esté seca se pegan las fotos encima del cartón a modo de collage, de manera que se vea el color de debajo pero que predomine el colorido de las fotografías. Para acabar sólo hay que forrar el salvamanteles con el plástico transparente autoadhesivo, evitando que se formen burbujas de aire, y ya están listos para ser utilizados.

82. Un pisapapeles para la oficina

• **Materiales:** piedras planas de tamaño mediano, pinturas y un pincel, y barniz.
• **Finalidad de la actividad:** desarrollar la creatividad del niño.
• **¿Cómo se hace?:** lo primero que hay que hacer es escoger algunas piedras planas, que no sean ni muy grandes ni muy pequeñas, y lavarlas bien para quitarles todos los restos de polvo o arena que puedan tener. Una vez secas, sólo hay que pintar bonitos dibujos con diferentes colores y darles una mano de barniz. El resultado será un original pisapapeles que lucirá perfecto en la oficina de papá o de mamá.

83. Ceniceros de barro

• **Materiales:** un trozo de barro, una regla, tijeras, fieltro, pegamento, pinturas, pinceles y barniz.

• **Finalidad de la actividad:** desarrollar la creatividad mediante la manipulación de nuevos materiales.

• **¿Cómo se hace?:** se coge un trozo de barro y se le da la forma deseada: por ejemplo, una base plana redonda de diez centímetros de diámetro y un centímetro de grosor. A continuación se coloca una tira de unos dos centímetros de altura alrededor de la base, de manera que esté bien enganchada. Con el dedo en posición horizontal se hacen dos o tres muescas en las que poder colocar los cigarrillos. Una vez hecho, se pinta y luego se barniza. Es importante darle una capa de barniz para proteger la pintura, ya que a los ceniceros conviene pasarles agua a la hora de limpiarlos. Finalmente se recorta un trozo de fieltro redondo, un poco menor que el diámetro del cenicero, y se pega en la parte inferior del mismo para evitar que raye las superficies de las mesas en las que vaya a colocarse.

84. Para tener los lápices recogidos

• **Materiales:** un trozo de barro, una regla, tijeras, fieltro, pegamento, pinturas, pinceles y barniz.

• **Finalidad de la actividad:** desarrollar la destreza manual y la creatividad del niño.

• **¿Cómo se hace?:** se coge un trozo grande de barro y se moldea un rectángulo de unos veinticinco centímetros de largo por diez o doce de ancho, que se aplana bien para que no sea muy grueso. Cuando esté preparado se dobla sobre sí mismo formando un cilindro. Con los dedos trabajaremos la unión de los dos extremos para evitar que sea demasiado visible. Con otro trozo de barro plano se cierra la base del cilindro. Una vez hecho, se puede decorar como se quiera y cuando esté seco se le da una capa de barniz. Para acabar, se recorta un trozo de fieltro redondo, que se pegará en la base del cilindro, y ya no tendremos excusa para recoger todos los lápices de la habitación.

85. Cada uno, su servilleta

• **Materiales:** barro, pinturas, pincel y barniz.
• **Finalidad de la actividad:** desarrollar la creatividad y la habilidad manual.
• **¿Cómo se hace?:** se coge un trozo de barro no muy grande y se forma un rectángulo de unos cuatro centímetros de ancho. Cuando tiene una forma homogénea se le da una forma circular juntando los extremos, de manera que forme un aro de unos cinco centímetros de diámetro. Hay que poner especial cuidado en que la juntura no se note. Una vez tengamos los aros, tantos como miembros de la familia haya, se decoran con las pinturas y se escribe el nombre de cada uno de ellos para evitar confusiones. Cuando la pintura esté seca, se les pasa una capa de barniz y ya están listos para ser utilizados.
• **Variedad:** en lugar de barro se pueden utilizar rollos de papel higiénico para hacer los servilleteros. Con unas tijeras se cortan por la mitad y se forran con papel charol de diferentes colores en el que se pegan letras (también de papel charol pero de otros colo-

res). Cuando los nombres están completos, se forran con papel transparente autoadhesivo y ya tenemos los servilleteros individuales.

86. Imanes de nevera

- **Materiales:** barro, pinturas, barniz, imanes y pegamento.
- **Finalidad de la actividad:** desarrollar la creatividad y la destreza manual.
- **¿Cómo se hace?:** con trozos pequeños de barro se crean diferentes figuras planas (ositos, corazones, frutas, flores, etc.) que los niños deberán decorar a su gusto. Cuando la pintura esté seca, se le da una capa de barniz y se deja secar. En la parte posterior de la figura ponemos un pegamento resistente y pegamos el trozo de imán (que venden en ferreterías). Cuando estén bien enganchados podemos poner las figuras en la nevera.

87. Un cuento animado

- **Materiales:** un bloc de hojas blancas y un rotulador.
- **Finalidad de la actividad:** distribuir el movimiento en secuencias.
- **¿Cómo se hace?:** lo primero que hay que hacer es pensar en una secuencia de movimientos fácil de representar, por ejemplo un señor que se pone y se quita un sombrero. A continuación se escoge una de las esquinas del bloc para dibujar en ella toda la

secuencia: en la primera hoja se hace un dibujo que se irá variando ligeramente en las siguientes hojas. Por ejemplo, en la primera, se dibuja un señor sencillo o esquematizado con un sombrero en la mano; en la segunda hoja, se dibuja el mismo señor pero con la mano más cerca de la cabeza; en la tercera hoja, el sombrero todavía está más cerca de la cabeza del señor... y así hasta que en el dibujo aparece el señor con el sombrero puesto. En los siguientes dibujos el señor se irá quitando el sombrero mediante el mismo procedimiento de dibujos secuenciales. Una vez esté todo dibujado, se pasan con rapidez las hojas del bloc, y el dibujo parecerá cobrar vida y estar en movimiento.

• **Consejo:** cuantos más dibujos formen la secuencia y menor sea la diferencia entre uno y otro, mayor sensación de movimiento se conseguirá.

88. Un dominó artístico

• **Materiales:** cartón, una regla, tijeras, papel transparente auto-adhesivo y rotuladores.

• **Finalidad de la actividad:** desarrollar la destreza manual.

• **¿Cómo se hace?:** con ayuda de la regla se recortan fichas rectangulares de 8 centímetros de largo por 4 centímetros de ancho y con el rotulador se traza una línea vertical en medio que separe dos cuadrados de 4 centímetros de lado cada uno. Por otra parte tenemos que pensar en siete dibujos diferentes que serán los que aparezcan en cada una de las fichas. Los siete dibujos se repetirán teniendo en cuenta las posibles combinaciones. Para no equivocarnos aconsejamos tomar como modelo un dominó numérico tradicional y asociar cada dibujo a un número. Cuando todas las fichas estén dibujadas, las forraremos con papel transparente autoadhesivo para que no se estropeen con el tacto.

• **Ejemplo:** 1- gato, 2- flor, 3- corazón, 4- sol, 5- perro, 6- palmera, blanca- barco.

89. Hucha personal

• **Materiales:** un bote de metal o plástico con tapa de plástico (los que se utilizan para los frutos secos, por ejemplo), unas tijeras, papel de embalar, pegamento y revistas.

• **Finalidad de la actividad:** además de desarrollar la creatividad esta actividad estimula al niño a ahorrar.

• **¿Cómo se hace?:** con el papel de embalar forramos todo el bote para que no se vea el metal de debajo. De las revistas que tenemos a mano, recortamos la fotografía de alguna cosa que nos haga ilusión comprarnos (unos zapatos de moda, un perro, un reloj, etc.) o una foto que nos recuerde algo concreto que queremos hacer y que cuesta dinero (asistir al concierto de nuestro cantante favorito, ir un fin de semana a esquiar, organizar una fiesta de cumpleaños, etc.). Ayudándonos con las tijeras hacemos una ranura en la tapa de plástico lo suficientemente grande como para que pasen las monedas. Todo el dinero de la hucha estará destinado a comprar el objeto de la fotografía o a realizar la actividad escogida. Es conveniente que todos los miembros de la familia estén al corriente de la existencia de esa hucha y de su finalidad, ya que en general la gente está más dispuesta a colaborar cuando se conoce el motivo del ahorro que cuando éste se desconoce.

• **Consejo:** es importante que el objeto que se desee comprar o la actividad que se quiera realizar esté dentro de las posibilidades económicas de la familia. Si un niño quiere un ordenador portátil difícilmente conseguirá ahorrar lo suficiente para comprarlo, y eso sólo lo desanimaría más. Si por el contrario el objetivo es más asequible y logra ahorrar el dinero suficiente para comprarlo, se sentirá satisfecho y orgulloso de sí mismo.

90. Clavelitos verdes

• **Materiales:** claveles blancos, un jarrón con agua y tinta de diferentes colores.

• **Finalidad de la actividad:** descubrir cosas curiosas.

• **¿Cómo se hace?:** más que una actividad se trata de un experimento curioso que seguro que encantará a los niños. En un jarrón con agua se echa un poco de tinta de cualquier color, por ejemplo verde, y se colocan los claveles en el jarrón. Al cabo de unas horas los bordes de las hojas de los claveles adquirirán el tono de la tinta, en este caso verde. Asimismo podemos hacerlo más vistoso si ponemos tintas de diferentes colores en varios recipientes, de manera que tengamos claveles con tonalidades rojas, verdes y azules. También se puede cortar longitudinalmente parte del tallo e introducir cada uno de los extremos en diferentes jarrones con distintas tintas. Medio clavel adquirirá una coloración y el otro medio, otra diferente. No hay que explicar que el resultado es espectacular.

91. ¡Feliz cumpleaños!

• **Materiales:** cartulina, una regla, tijeras, pegamento, rotuladores, papel transparente autoadhesivo y fotografías viejas de nuestra infancia y de la de nuestros amigos. (Conviene hacer copias para poderlas recortar y manipular sin que las fotos originales se pierdan o se estropeen.)

• **Finalidad de la actividad:** estimular la imaginación y potenciar los lazos afectivos con los compañeros.

• **¿Cómo se hace?:** normalmente acompañamos los regalos de cumpleaños con alguna tarjeta de felicitación que hace el regalo más personal. En las papelerías venden muchas de estas tarjetas pero, si realmente queremos que sean personales lo mejor es hacerlas nosotros mismos. Con ayuda de la regla recortamos en la cartulina un rectángulo de 30 x 40 centímetros, que doblaremos por la mitad para formar otro más pequeño de quince por veinte centímetros. Con los rotuladores, en el borde de la parte exterior de la tarjeta dibujamos una cenefa a modo de marco, y pegamos en el interior la foto del amigo que celebra el cumpleaños junto a las nuestras, combinándolas con dibujos hechos con rotuladores. La imaginación infantil se encargará de realizar composiciones realmente divertidas y originales. Para proteger las fotografías conviene forrar por lo menos esa parte de la tarjeta con el papel transparente autoadhesivo. En el interior de la tarjeta escribiremos los mensajes y las felicitaciones correspondientes.

92. Un parasol para el coche

• **Materiales:** cartón delgado pero resistente, una regla, tijeras y pinturas.
• **Finalidad de la actividad:** desarrollar la creatividad.
• **¿Cómo se hace?:** se recorta un cartón de X centímetros de largo por X de ancho (conviene tomar las medidas del parabrisas del coche y calcular unos centímetros menos), y se pinta una de las caras con el motivo que queramos. Cuando las pinturas estén secas y con ayuda de la regla, dividiremos el cartón en partes igua-

les de X centímetros, de manera que sea fácil doblarlo a modo de acordeón. Cuando no queramos que el sol caliente demasiado el coche, sólo tendremos que desdoblarlo y colocarlo bien en el parabrisas.

93. ¿Dónde están los riñones?

• **Materiales:** varios metros de papel de embalar, rotuladores gordos, pinturas, tijeras y goma adhesiva. Además se necesitará una enciclopedia o un libro con ilustraciones sobre el cuerpo humano y los distintos órganos que lo forman.

• **Finalidad de la actividad:** adquirir conocimientos sobre el cuerpo humano de una manera divertida.

• **¿Cómo se hace?:** colocamos el papel de embalar en el suelo y con ayuda del rotulador gordo dibujamos el contorno de uno de los niños que se tumbará encima del papel. Luego la figura se recorta y se engancha con la goma adhesiva detrás de la puerta o en una pared. Asimismo se dibujan los órganos principales que componen el cuerpo humano (corazón, pulmones, riñones, hígado, bazo, etc.), teniendo en cuenta las proporciones y los tamaños de cada uno de ellos. Los niños se encargarán no sólo de dibujarlos sino también de pintarlos con colores que sean lo más reales posibles y de recortarlos. También se puede escribir su nombre en el interior para facilitar la memorización. Una vez se tienen los órganos recortados, el juego consiste en colocarlos correctamente dentro del cuerpo humano. Para ello se puede recurrir a cualquier libro que pueda servir de guía. Con ayuda de la goma adhesiva se pueden superponer unos a otros.

• **Consejo:** es importante que esta actividad esté controlada muy de cerca por el director del juego, para asegurarse de que los niños adquieren unos conocimientos exactos. Al tratarse de un juego tan visual y tan participativo la adquisición de conocimientos está garantizada, por lo que es fundamental que éstos sean correctos.

94. El puzzle

• **Materiales:** una cartulina, pegamento, tijeras, papel transparente autoadhesivo y una revista.
• **Finalidad de la actividad:** adquirir el dominio del plano y del espacio.
• **¿Cómo se hace?:** lo primero que hay que hacer es elegir una fotografía de la revista que corresponda a alguno de nuestros ído-

los (cantantes, actores, deportistas, etc.) y pegarla en la cartulina. Es preferible que la fotografía sea cuadrada o rectangular para hacer más fácil la distribución de las piezas. Una vez pegada la foto, se recorta la cartulina que sobresalga por los lados. Se le da la vuelta a la cartulina y en la parte posterior se dibujan las piezas que compondrán el puzzle con formas diferentes. A continuación se forra con el papel transparente autoadhesivo y se recortan dichas piezas. Si lo hemos hecho con cuidado el puzzle estará listo para montar.

• **Consejo:** podemos guardar todas las piezas en una cajita o en una bolsa y regalársela a nuestro mejor amigo o amiga. Cuando monte el puzzle y vea aparecer la cara de Tom Cruise o de las Spice Girls, se llevará una agradable sorpresa.

95. Una exposición en la habitación

• **Materiales:** una cuerda, pinzas de la ropa de madera, pinturas, dibujos hechos por el niño.

• **Finalidad de la actividad:** reforzar la autoconfianza en niños tímidos con problemas de inseguridad personal.

• **¿Cómo se hace?:** es muy sencillo, sólo hay que colgar una cuerda en algún lugar de la habitación del niño en el que no moleste (hay que evitar colocarla delante de puertas de armarios o de ventanas que se puedan abrir). En la cuerda pondremos varias pinzas de la ropa que el niño habrá decorado con pinturas o rotuladores. Esas pinzas servirán para sujetar los diferentes dibujos que haga el niño y de los que se sienta tan orgulloso que considere que merecen estar en un sitio de honor. Será su pequeña y particular exposición, que podrá mostrar a familiares y amigos siempre que quiera. Los dibujos se pueden ir renovando a medida que pinte otros nuevos para tener la exposición actualizada.

• **Consejo:** este mismo procedimiento se puede utilizar para repasar conocimientos de cualquier materia que se quieran reforzar (fechas históricas, conceptos difíciles, vocabulario nuevo, etc.). En este caso no se tratará de una exposición decorativa, pero será muy útil para memorizar conceptos.

96. El caballo del príncipe

• **Materiales:** un palo de escoba, un calcetín blanco, papel de periódico, botones e hilo, una goma o cuerda, unas tijeras, un cordón largo de zapato y un rotulador negro gordo.

• **Finalidad de la actividad:** desarrollar la creatividad y la destreza manual.

• **¿Cómo se hace?:** en lo que sería la base del calcetín se cosen dos botones a modo de ojos del caballo y con el rotulador negro pintamos el resto de la cara del animal: hocico, orejas, flequillo, etc. Rellenamos el calcetín con bolas hechas con papel de periódico arrugado hasta conseguir que adquiera una forma consistente. Cuando la cabeza del caballo esté más o menos compacta, introducimos en ella un extremo del palo de la escoba y sujetamos el calcetín al palo con la goma o la cuerda. Si el palo está muy viejo o desgastado se puede forrar con cinta adhesiva de cualquier color. En lo que correspondería al hocico del caballo hacemos dos pequeños agujeros, e introduciremos por ellos el cordón de zapato que ataremos por detrás de la cabeza del animal, a modo de brida. De esta manera tendremos un caballo que, aunque no muy veloz, se convertirá en el centro de atracción allá donde vayamos.

97. Borlas de Navidad

• **Materiales:** lana de diferentes colores, cartulina y tijeras.
• **Finalidad de la actividad:** desarrollar la destreza manual y la creatividad.
• **¿Cómo se hace?:** adornar el árbol de Navidad es algo que gusta a todos los niños, ya que contribuye a crear en el hogar un aire festivo y diferente propio de esa época del año. Y la participación activa de los niños en estas actividades hará que vivan esos momentos con mayor intensidad, al mismo tiempo que fortalecerá los lazos afectivos familiares. Cuanto más se impliquen en todo aquello relacionado con la Navidad, más la disfrutarán. Por este motivo, en lugar de comprar en tiendas las típicas bolas para el árbol, es preferible que las hagan los niños. ¿Cómo? Muy sencillo. Cortamos dos círculos de cartón iguales de unos diez

centímetros de diámetro, y con las tijeras en el centro recortamos un círculo más pequeño de unos tres centímetros de diámetro. Una vez tenemos los dos círculos, los juntamos (sin pegarlos), pasamos una hebra de lana por los agujeros centrales y le vamos dando vueltas hasta que forremos todo el cartón. Es preferible poner abundante lana, aunque pasemos la hebra varias veces por el mismo lugar, ya que así la borla quedará más compacta. Cuando todo el cartón esté forrado con la lana, recortamos la lana por la parte exterior de las circunferencias, justo por el espacio que queda entre los dos cartones. Una vez recortada y antes de separar los cartones, atamos con otra hebra larga de lana la parte central de la borla, por entre dichos cartones. Cuando la tengamos bien sujeta ya podemos quitar los cartones y la borla adquirirá su forma definitiva. De la hebra larga con la que hemos atado el centro podemos colgar la borla del árbol. Si utilizamos lanas de diferentes colores y cartones de distintos tamaños, tendremos una ornamentación navideña de lo más variada y original.

98. Montañas nevadas

• **Materiales:** un cubo o barreño, yeso, agua, periódicos, trapos viejos, botellas de plástico y vasos de papel.
• **Finalidad de la actividad:** manipular materiales nuevos y familiarizarse con ellos.
• **¿Cómo se hace?:** en un cubo o barreño hacemos una mezcla de yeso (del que venden en las droguerías) y agua que quede bien ligada pero lo bastante líquida como para poder mojar en ella los trapos. Cuando los trapos viejos estén bien empapados, los saca-

mos y los ponemos encima de las botellas de plástico (que serán las montañas más altas) o encima de vasos de papel o algo similar (que serán las más bajitas), vigilando que quede suficiente trapo para hacer la base de la montaña. Con hojas de periódico arrugadas que colocaremos debajo de los trapos mojados, les podemos dar la forma definitiva a las montañas. Una vez el yeso se haya secado, ya podemos retirar las botellas, los vasos y el papel de periódico porque las montañas tendrán su forma definitiva. Con ellas podremos decorar y hacer mucho más atractivo cualquier pesebre navideño que adorne nuestra casa durante las fiestas.

• **Consejo:** dado que la mezcla que se utiliza para hacer las montañas mancha mucho, es aconsejable realizar esta actividad en patios o terrazas en los que previamente habremos colocado papeles de periódico en el suelo.

99. La nuez sorpresa

• **Materiales:** nueces, un cuchillo, confeti y pegamento fuerte.
• **Finalidad de la actividad:** sorprender a familiares y amigos de una manera muy original.
• **¿Cómo se hace?:** aconsejamos realizar esta actividad durante la época de Navidad, ya que en casi todos los hogares la bandeja de turrones está acompañada por otra de frutos secos, entre los que se encuentran las nueces. Una reunión familiar o con amigos será el escenario perfecto para que alguno de ellos se lleve la sorpresa. Con ayuda del cuchillo o algo similar abrimos una nuez por la base, intentando conservar las dos partes de la cáscara enteras. Se limpia bien el interior y se rellena con el confeti de colores. Luego, con cuidado, volvemos a juntar las

dos partes que forman la cáscara y las enganchamos con el pegamento. Se tiene que evitar que caiga el pegamento por la parte exterior de la nuez, para no levantar sospechas. Una vez preparada la nuez sorpresa, la colocamos en la bandeja con las otras nueces, de manera que quede camuflada entre ellas. El resto es sólo cuestión de esperar.

• **Consejo:** es aconsejable preparar varias nueces sorpresa y colocarlas todas en la misma bandeja puesto que, además de aumentar las probabilidades de que sean escogidas, la sensación que causará la primera de las nueces sorpresa hará que todos los invitados se animen a comer más.

100. Guantes con mucho cuento

• **Materiales:** unos guantes de lana viejos, retales de tela de fieltro y lana de diferentes colores, rotuladores, hilo, pegamento fuerte y tijeras.

• **Finalidad de la actividad:** desarrollar la destreza manual y estimular la imaginación del niño.

• **¿Cómo se hace?:** lo primero que hay que hacer es pensar en los personajes de uno de los cuentos favoritos de los niños, por ejemplo la Caperucita Roja. Cada uno de los dedos representará a un personaje distinto, de manera que con un solo guante se pueda contar un cuento entero (aunque sea una versión reducida): uno de los dedos será el lobo; otro, Caperucita; otro, la abuelita; otro, el cazador, y el último, una flor del bosque, por ejemplo. Para caracterizar a los personajes podemos combinar materiales como el fieltro y la lana. No será necesario hacer unos personajes con muchos detalles ya que la superficie de los dedos tampoco permite hacer maravillas; bastará con colocar algún elemento de fácil identificación. Por ejemplo, para caracterizar a Caperucita podemos recortar un rectángulo de fieltro rojo y pegarlo al dedo, y encima del fieltro pegar lana amarilla a modo de trenzas. Con el rotulador se pueden dibujar los ojos y la boca, y ya tenemos una estupenda Caperucita. El lobo, por el contrario, se puede representar con una borla de lana marrón (como las utilizadas para decorar el árbol de Navidad, pero de un tamaño menor), y con trocitos de fieltro rojo y negro le hacemos la lengua y los ojos. Así hasta completar todos los dedos. Una vez enganchados todos los materiales, ya podemos entretener a los más pequeños contándoles un cuento animado.

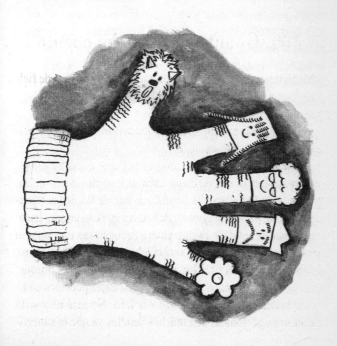

101. Un juego de memoria

• **Materiales:** cartón un poquito grueso, tijeras, papel transparente autoadhesivo, pegamento y varias revistas.

• **Finalidad de la actividad:** potenciar la retención y la memorización visual.

• **¿Cómo se hace?:** se recortan, por ejemplo, treinta cuadrados de cartón de 5 centímetros de lado cada uno. Por otra parte, se recortan fotografías atractivas de las revistas pero por duplicado, es decir, que la misma foto se ha de recortar dos veces (es fácil encontrar los mismos anuncios en revistas diferentes de la misma fecha), y se pegan en los cartones. Cuando estén enganchadas, los cartones se forran con el papel autoadhesivo transparente para poder manipularlos sin que se estropeen. Si lo hemos hecho bien deberemos tener quince parejas de cartones. Una vez preparado el material, ya se puede iniciar el juego de memorización: se les da la vuelta a todos los cartones, se mezclan bien unos con otros y se colocan boca abajo encima de una mesa o del suelo formando cinco filas de seis cartones cada una. Es importante dejar suficiente espacio entre los cartones para poder cogerlos con los dedos y darles la vuelta sin descolocar el resto. Cada niño, por turnos, deberá girar dos cartones cualesquiera. Si levanta dos diferentes, deberá volverlos a poner boca abajo; si por el contrario levanta dos cartones iguales, los retira y vuelve a jugar. Ganará el niño que más parejas de cartones consiga. Es importante estar muy atento para recordar el lugar exacto en el que se encuentran las fotos y así poder hacer las parejas sin dudar. Asimismo es importante que la posición inicial de los cuadrados se mantenga ya que, si se descolocan, la memoria no servirá para nada.

VI. MÚSICA Y RUIDOS

La idílica visión que muchos padres tienen del universo musical no siempre está bien enfocada hacia el aprendizaje y el disfrute por parte del niño de ese singular lenguaje sonoro. La mayoría de adultos cree que, para amar la música, es preciso someter al niño a un duro proceso de adoctrinamiento que conlleva varios años de solfeo y práctica. Esto será así si quiere que su hijo sea un virtuoso cantante o instrumentista. Pero, si desea simplemente que sus pequeños se diviertan y aprendan a disfrutar y amar la música, encontrará en este apartado una serie de juegos que conjugan el entretenimiento lúdico y el desarrollo de las aptitudes musicales de sus hijos.

MÚSICA Y APRENDIZAJE

Si su hijo no muestra un especial interés por ese universo de sonoridades que a usted le resulta tan fascinante, no se preocupe. Como casi todo en esta vida, el aprendizaje del lenguaje musical debe realizarse de forma natural y acorde con las necesidades del niño.

La música es un arte, eso es incuestionable, pero no por ello nuestros hijos deben sufrir nuestro afán de sublimación artística.

En primer lugar, el niño debe aprender a escuchar o, mejor dicho, a sentir la necesidad y el anhelo de escuchar música. De ese modo se desarrollará en el pequeño, de una forma natural y lúdica, el deseo de participar personalmente en las actividades musicales.

Por ello no torture a su hijo con grabaciones de música clásica o con los discos de sus cantantes favoritos. Hay otros métodos más prácticos y sutiles para despertar en su hijo el amor y el interés por la música. Por ejemplo, se pueden adquirir grabaciones musicales especialmente dirigidas a los niños, que van desde las típicas canciones infantiles hasta fragmentos de música clásica. Con respecto a estos últimos, póngalos de suave telón de fondo de las actividades de los chicos, como algo natural y exento de solemnidad: lo contrario provocaría una actitud de rechazo.

Uno de los métodos más fructíferos para despertar en el niño el interés por la música es el juego. Gracias a estos pequeños divertimentos se puede inculcar en el niño el sentido del ritmo, la apreciación de las distintas sonoridades, la distinción entre agudo y grave o la creación de simples escalas musicales.

RUIDOS: DIVERSIÓN Y APRENDIZAJE

En la mayoría de sus juegos, los niños se convierten en seres chillones y revoltosos que provocan la histeria y el paroxismo entre los adultos. Chillar, gritar, emitir los ruidos más extraños: todo ello permite al niño descargar las tensiones de su universo infantil, pero también irritar y sacar de sus casillas a cualquiera que esté cerca de ellos.

Sin embargo, todos esos ruidos pueden ser canalizados hacia actividades lúdicas más provechosas para el desarrollo de los pequeños, entre las que podemos citar los juegos onomatopéyicos o todos aquellos relacionados con canciones.

Por todo ello, no desprestigie nunca el poder educativo y terapéutico de los ruidos: bien dirigidos por una persona adulta, pueden resultar tan divertidos como beneficiosos para la salud mental de «esos locos bajitos».

CONSEJOS ÚTILES PARA JUGAR CON MÚSICA Y RUIDOS

♦ Para inculcar en sus hijos el amor y la pasión por la música, no son suficientes las grabaciones musicales. Uno de los mejores complementos consiste en llevar a sus hijos a ver actuaciones en vivo, tanto de música clásica como de bandas u orquestas populares. Al contemplar la relación que existe entre el acto físico de tocar y los sonidos conjuntados, el niño disfruta directamente de la música y aumenta su deseo de participar en actividades de este tipo.

♦ Cante con sus hijos, aunque sus cualidades canoras se encuentren en las antípodas del buen gusto melódico. Afortunadamente, el oído musical no es algo que se herede. Aunque los niños sean como esponjas que absorben todo lo que hay en su entorno, el mero hecho de cantar con sus padres, por muy mal que lo hagan, despertará su interés por la música y mejorará las relaciones paterno-filiales.

♦ Los juegos musicales son una de las actividades lúdicas que contribuyen en mayor grado a mejorar la interrelación entre los pequeños. Formar una pequeña orquesta infantil con utensilios de cocina o con cualquier objeto que pueda emitir sonidos, fomenta el compañerismo y la diversión.

♦ Por último, procure que los pequeños no molesten con sus juegos musicales a todo el vecindario. Recuérdeles que existen horarios más apropiados que otros y que un mayor volumen no es sinónimo de mayor diversión. Tampoco le pedimos que insonorice su vivienda: simplemente que inculque en sus hijos la idea de respeto hacia los demás.

102. El juego de las sillas

• **Preparación:** se necesita un casete o una radio y una silla menos que el número de niños participantes. Es importante además realizar este juego en una sala amplia, con suficiente espacio para moverse.

• **Finalidad del juego:** desarrollar la motricidad de los niños.

• **¿Cómo se juega?:** se colocan las sillas formando un círculo de manera que los respaldos estén dirigidos hacia el interior del círculo. Los niños se sitúan de pie delante de las sillas y el director del juego pone en marcha el casete (si es la radio debe sintonizar una emisora con música). En cuanto empiece la música los niños deberán correr alrededor del círculo de sillas, pero cuando ésta cese deberán sentarse en una de ellas. Como siempre hay una silla menos que el número de niños participantes, habrá uno que no se pueda sentar. El niño que permanezca de pie quedará eliminado del juego. Cada vez que un niño se retire del juego, habrá que quitar una silla del círculo para poder seguir jugando.

• **Consejo:** con este tradicional juego los niños se divierten mucho, pero también pueden ponerse un poquito nerviosos. El director del juego deberá decidir cuándo es conveniente cambiar de actividad.

103. Una versión muy particular

• **Preparación:** no se necesita ninguna preparación.
• **Finalidad del juego:** desarrollar la creatividad y el oído musical.
• **¿Cómo se juega?:** los niños se dividen en varios grupos que rivalizarán en creatividad. Entre todos deben escoger una canción conocida y cambiarle la letra. Cuando tengan una nueva versión pensada, tendrán que cantársela al resto de niños. La imaginación infantil no tiene límites y las letras pueden ser de lo más divertidas.
• **Ejemplo:** la canción de «Había una vez un barquito chiquitito...» podría versionarse de la siguiente manera: «Había una vez un osito redondito, había una vez un osito redondito que no quería, que no quería, que no quería merendar. Pasaron dos o tres, cuatro, cinco o siete meses y aquel osito, aquel osito, aquel osito adelgazó».

104. Coreografías sencillas

• **Preparación:** un casete con cintas escogidas de música moderna y bailable.
• **Finalidad de la actividad:** desarrollar la motricidad, la concentración, la coordinación y el sentido del ritmo de los niños.
• **¿Cómo se juega?:** antes que nada, el director del juego deberá escoger una música atractiva y montar una pequeña coreografía que se pueda bailar sin demasiada dificultad. Cuando la tenga montada, les enseñará a los niños algunos pasos de baile o movimientos rítmicos fáciles. Es importante enseñar paso por

paso y que, antes de pasar al siguiente, todos los niños hayan captado y aprendido el paso anterior. Hay que tener en cuenta que no todos los niños tienen la misma facilidad para moverse ni el mismo sentido del ritmo y que si uno pierde los primeros pasos se desanimará y frustrará. Cuando tengan asimilados unos cuantos movimientos se pone la música elegida. No importa tener que repetir los movimientos tantas veces como sea necesario, ya que el aprendizaje forma parte del juego. Cuando todos hayan aprendido correctamente los pasos, se puede representar esa pequeña coreografía ante familiares o amigos de los niños. Ya verá cómo los pequeños se sentirán muy orgullosos de su actuación.

105. El baile de los globos

• **Preparación:** tantos globos como niños haya, un ovillo de lana y una casete con música.
• **Finalidad del juego:** desarrollar el sentido del ritmo y eliminar el del ridículo. Ideal para niños retraídos o vergonzosos.
• **¿Cómo se juega?:** cada niño infla su globo y se lo ata con un trozo corto de lana al tobillo. Se pone la música y los niños empiezan a bailar siguiendo el ritmo de la música. Pero durante el baile deberán intentar pisar los globos de los demás niños para hacerlos estallar, al mismo tiempo que tendrán que evitar que los otros pisen el suyo. Los niños poco habituados a bailar o con el sentido del ridículo acusado tendrán una excusa (pisar los otros globos) perfecta para dejarse ir y moverse con absoluta libertad. Ganará el niño que al finalizar la melodía conserve su globo intacto.

106. Sin mover la cabeza

- **Preparación:** sólo se necesita alguna música que se pueda bailar.
- **Finalidad:** desarrollar la motricidad y el ritmo en el niño.
- **¿Cómo se juega?:** se pone la música y los niños empiezan a bailar. Al cabo de un rato el director del juego les prohíbe mover una parte del cuerpo y les dice, por ejemplo: «sin mover la cabeza». Los niños siguen bailando pero sin mover la parte nombrada. «Sin mover los pies», y los niños bailan sin mover la cabeza ni los pies. El director del juego va eliminando partes del cuerpo sucesivamente hasta que los niños sólo pueden mover la cara. Después, puede ir incorporando partes del cuerpo con frases del tipo: «con los brazos», «con las caderas», etc. hasta volver a utilizar todos los miembros.

107. Busca a tu pareja

- **Preparación:** ninguna.
- **Finalidad del juego:** desarrollar el oído.
- **¿Cómo se juega?:** es un juego muy sencillo pero muy divertido. El director del juego dice al oído de cada niño el nombre de un animal, de manera que los demás no le oigan. El director del juego tiene que tener en cuenta que debe decir cada animal dos veces, para que éstos estén emparejados. Cuando todos los participantes tengan claro el animal que deben representar, cierran los ojos y se mezclan. Cuando el director dé la señal, todos los niños harán al mismo tiempo la onomatopeya

que corresponda a su animal y por el sonido deberán encontrar a su pareja. Cuando les parezca haber oído a su pareja, tienen que acercarse a ella (siempre con los ojos cerrados); y cuando estén convencidos de haberla encontrado, deben darse las manos y levantarlas. El director del juego se acercará y confirmará que la pareja es correcta. A medida que se formen las parejas, éstas se retirarán.

108. ¿Quién habla?

• **Preparación:** un casete y una cinta virgen.
• **Finalidad del juego:** desarrollar la discriminación auditiva.
• **¿Cómo se juega?:** los niños se dividen en dos grupos diferentes que se sitúan en habitaciones distintas. El director del juego llevará el casete y grabará las voces de los niños del primer grupo. Pero esas voces estarán distorsionadas de alguna manera (tapándose la nariz, poniendo un pañuelo en el micro, cambiando el tono de la voz, etc.) para evitar que sea fácil la identificación. A continuación grabará las voces de los niños del segundo grupo. Cuando tenga todas las voces grabadas se reunirán todos los niños y los de cada grupo deberán adivinar a quiénes corresponden las voces del otro grupo y lo que dicen. Oír la propia voz es tan divertido como oír la de los amigos, ya que casi nadie se reconoce cuando se oye en una cinta.

109. Grave-agudo

• **Preparación:** cualquier objeto pequeño que se pueda esconder.

• **Finalidad del juego:** aprender a modular la voz y a distinguir los sonidos agudos de los graves.

• **¿Cómo se juega?:** se esconde el objeto en alguna parte de la habitación. Uno de los niños con los ojos cerrados deberá encontrarlo. Los otros niños le guiarán mediante el tono de su voz (pueden elegir una sílaba cualquiera: «la, la, la»). Cuando el niño esté cerca del objeto escondido, sus compañeros deberán emitir una voz aguda, mientras que cuando se aleje de él deberán emitir una voz mucho más grave.

110. No te veo, pero te oigo

• **Preparación:** se necesitan una pelota, un pañuelo para vendar los ojos y algunos objetos que al tocarlos hagan ruido (por ejemplo, tapas de cacerolas, maracas, llaves, sonajeros, cajas de metal, etc.).

• **Finalidad del juego:** agudizar el oído.

• **¿Cómo se juega?:** todos los niños se sientan en el suelo formando un círculo bastante grande. Uno de ellos se sitúa en el centro con las piernas cruzadas y los ojos vendados, y se coloca la pelota delante pero sin tocarla. Dentro del círculo que forman los niños se colocan todos los objetos que hayamos encontrado que puedan hacer ruido al tocarlos. El director del juego designará a un niño para que intente conseguir la pelota, andando a cuatro patas y salvando los obstáculos que haya en medio.

Pero si el niño que está en el centro oye algún ruido señalará con el dedo en esa dirección y, si apunta hacia el «ladrón», éste volverá a su sitio y el director del juego elegirá a otro niño. El niño que consiga robar la pelota sin que le descubran pasará a ocupar el centro del círculo.

111. ¡Cómo suena la pandereta!

• **Preparación:** para hacer esta pandereta se necesitan un plato de papel, tijeras, 16 tapones de botellas de refrescos, un clavo y un trozo de cordel.

• **Finalidad de la actividad:** familiarizarse con los instrumentos musicales.

• **¿Cómo se hace?:** con las tijeras se recorta el interior del plato de papel y se hacen ocho pequeños cortes en el borde exterior del mismo. Por otro lado, con un clavo no muy grande se agujerean los tapones de botella. Se cortan ocho trozos de cordel de unos diez o doce centímetros de longitud y en cada uno de ellos se insertan dos tapones. Una vez puestos los tapones, se pasa el cordel por uno de los agujeros que hemos hecho al plato y se ata bien. Se realiza la misma operación con los ocho cordeles y cuando estén todos colocados ya se puede hacer sonar una original y ruidosa pandereta.

112. «Pepe dice: levantad una mano»

• **Preparación:** un casete o una radio con música.

• **Finalidad del juego:** desarrollar la motricidad, el ritmo musical y la concentración.

• **¿Cómo se juega?:** los niños forman distintas parejas, que empiezan a bailar al ritmo de la música. El director del juego dará una serie de órdenes que los niños deberán obedecer o deberán ignorar en función de cómo esté formulada esa orden. Las órdenes precedidas de la frase «Pepe dice» tienen que obedecerse, pero las que empiecen de cualquier otra manera no deberán acatarse. Las parejas que se equivoquen quedarán eliminadas y se retirarán del baile hasta que sólo quede una pareja en la pista. Si las órdenes son muy seguidas, la confusión y la diversión están prácticamente garantizadas.

• **Ejemplo:** «Pepe dice: moved la cabeza» (deben obedecerla); «Pepa dice: levantad un pie» (no deben obedecerla); «Moved una mano» (no deben obedecerla); «Pepe dice: dad una vuelta» (deben obedecerla); etc.

113. ¿Dónde se esconden?

• **Preparación:** se necesitan objetos que hagan ruido por sí mismos (un despertador, una radio, un casete, un *walkman*, un metrónomo, etc.), papel y algo para escribir.

• **Finalidad del juego:** desarrollar la atención y el oído.

• **¿Cómo se juega?:** el director del juego debe esconder todos los objetos ruidosos en cualquier parte de la casa. Todos tienen que estar sonando a un volumen bajo, pero el director del juego deberá tener en cuenta el escondite escogido para subir o bajar el volumen del aparato (en aquellos que lo permitan). Por ejemplo, si esconde la radio dentro de un armario, el volumen deberá estar lo suficientemente alto para oírlo cuando se abra la puerta. Cuando se dé la señal, los niños tienen que agudizar el oído y buscar todos los objetos. A medida que los vayan encontrando deberán apuntarlos en la hoja y dejarlos exactamente en el mismo sitio para darles a los otros niños la oportunidad de encontrarlos. Cuando tengan todos los objetos localizados, le enseñarán la hoja al director del juego, que comprobará que esté correcta. El primero en localizar todos los objetos ganará el juego.

• **Consejo:** conviene ser original a la hora de escoger los escondites para dificultar la búsqueda de los objetos y hacerla así más interesante.

114. Dame un silbidito

• **Preparación:** sólo se necesita un pañuelo para vendar los ojos.
• **Finalidad del juego:** agudizar el oído.
• **¿Cómo se juega?:** se esconden todos los niños excepto uno, que será el que tenga que encontrar a los demás. Ese niño deberá llevar los ojos vendados con el pañuelo y buscar a sus compañeros guiándose tan sólo por los silbidos que éstos hagan. Cuando todos estén escondidos silbarán una vez, contarán hasta 30 y silbarán otra vez. Así sucesivamente hasta que el niño que los está buscando encuentre a uno de ellos. Cuando lo tenga localizado deberá identificarle, sin mirarlo y sin tocarlo, únicamen-

te por el sonido del silbido. Si acierta, le pasará el pañuelo para que sea ese otro niño el que busque a sus amigos. Si no acierta, deberá seguir la búsqueda.

• **Consejo:** conviene que el director del juego supervise los movimientos del niño que lleva los ojos vendados, para evitar que tropiece con muebles u objetos que haya en la sala.

115. Bailando claqué

• **Preparación:** para bailar este claqué casero se necesitan latas de refresco vacías y algún trozo de madera grande que pueda servir de pista de baile.

• **Finalidad del juego:** desarrollar el ritmo y la motricidad.

• **¿Cómo se juega?:** el claqué es un tipo de baile relativamente poco conocido, entre otras cosas porque requiere un calzado especial (recordemos que los zapatos de claqué llevan en el talón y la puntera una pieza de metal para lograr el sonido tan característico de este baile). Como disponer de este tipo de zapatos es difícil lo mejor es construirse el propio calzado. ¿Cómo? Muy fácil. Colocamos la madera en el suelo, en un lugar adecuado, y ponemos encima dos latas de refresco vacías en posición horizontal. Situamos un pie encima de una de las latas de manera perpendicular a ella y con un golpe seco de talón pisamos la lata, para que quede ajustada a él. Repetimos la misma operación con el otro pie. Con las latas colocadas en los talones sólo tenemos que mover los pies con ritmo encima de la madera para que éstos suenen de una forma muy especial. Cuando controlemos las latas ya podremos montar una coreografía de claqué muy particular.

116. Un cuento sonoro

• **Preparación:** un casete y una cinta virgen.
• **Finalidad del juego:** aprender a modular la voz y a jugar con ella.
• **¿Cómo se juega?:** el director del juego tiene que tener un cuento pensado; puede ser un cuento o una historia conocida o inventada por él. Cuando tenga definida la historia, deberá distribuir los distintos sonidos que en ella aparecen (animales, ruidos de la ciudad, ruidos de la naturaleza, etc.). Cada niño realizará un ruido concreto. El director del juego empezará a narrar el cuento y, cada vez que nombre las palabras clave, el niño que represente ese sonido deberá hacer el ruido correspondiente. Después de ensayarla una o dos veces, se graba en la cinta virgen toda la historia con sonidos incluidos. Escuchar el resultado será tan divertido como prepararlo.
• **Ejemplo:** el director del juego narra la historia de *El libro de la selva*, de Walt Disney, y a cada uno de los niños le asigna un sonido concreto: uno es el bebé que llora; otro es un lobo; otro, el mono rey; otro, Baloo; otro, el elefante; etc. El director del juego empieza a narrar: «Un día apareció en la selva una cesta que contenía un bebé [un niño hace el llanto del bebé]. Bagheera, la pantera, lo descubrió y lo llevó con sus amigos los lobos [otro niño hace el aullido del lobo]...

117. El abrazo musical

• **Preparación:** sólo se necesita una radio o un aparato de música.
• **Finalidad del juego:** favorecer el sentimiento de pertenencia a un grupo. Ideal para niños tímidos o retraídos y para romper la tensión que pueda existir entre niños que no se conozcan demasiado.

• **¿Cómo se juega?:** todos los niños se mueven libremente por la habitación al compás de una música. Cuando el director del juego apague la música cada niño se abrazará al compañero más próximo, y se mantendrán abrazados hasta que la música vuelva a sonar. Cuando se detenga otra vez, el niño deberá abrazarse a otro compañero, diferente del anterior. Así varias veces hasta que todos se han abrazado a todos.

118. La palabra oculta

• **Preparación:** no se necesita ninguna preparación especial.
• **Finalidad del juego:** desarrollar la discriminación auditiva.
• **¿Cómo se juega?:** uno de los niños sale de la habitación. El resto del grupo se sienta en el suelo formando un círculo y elige una palabra de tres, cuatro o cinco sílabas. Una vez decidida la palabra, se forman tantos grupos como sílabas tenga la palabra, ya que a cada uno de ellos le corresponderá una de esas sílabas. Por ejemplo, si la palabra es «camino», se formarán tres grupos distintos y cada uno elegirá una sílaba (ca-mi-no). A continuación decidirán qué melodía le pueden poner a esa sílaba (por ejemplo, la canción de *Cumpleaños feliz*). Cuando esté todo decidido, el niño que había abandonado la habitación volverá a entrar e intentará diferenciar todas las sílabas y descubrir la palabra oculta mientras todos cantan su sílaba al mismo tiempo.

119. Asientos musicales

• **Preparación:** se necesitan un aparato de música o una radio.
• **Finalidad del juego:** favorecer la cooperación del grupo de una manera divertida.
• **¿Cómo se juega?:** todos los participantes de pie forman un círculo en la misma dirección. Se han de colocar muy juntos y han de poner las manos en la cintura del compañero que tienen delante. Cuando suene la música, todos los niños empezarán a andar en el mismo sentido y, cuando el director del juego apague el aparato, todos deberán intentar sentarse al mismo tiempo en las rodillas del compañero que tienen detrás. Si el grupo entero logra sentarse sin que nadie se caiga, habrán ganado; si no lo consiguen, volverá a sonar la música y tendrán una nueva oportunidad para conseguirlo.

VII. JUGAR CON EL LENGUAJE

El lenguaje es el instrumento de comunicación por excelencia: a través de las palabras expresamos ideas, pensamientos, sensaciones, etc., que nos permiten interrelacionarnos con los demás. Por tanto, para desarrollar una completa y total comunicación, imprescindible en el mundo que nos rodea, será necesario un correcto conocimiento del lenguaje. No obstante, el aprendizaje y perfeccionamiento de esta preciada herramienta no tiene por qué ser un trabajo aburrido o pesado. Los juegos propuestos en este apartado están basados en el uso y desarrollo del lenguaje desde una perspectiva que conjuga lo lúdico y lo didáctico, dejando claro que diversión y enseñanza no son necesariamente antónimos.

CÓMO APRENDE EL NIÑO

Ya desde bebé, el niño sabe que sus llantos y sus gritos tienen una respuesta por parte de sus padres. Sus primeros balbuceos no sólo sirven para cautivar y embelesar a los mayores, sino también para captar su atención. El niño aprende muy pronto que los ruidos que emite por la boca son un arma infalible para obtener lo que quiere. Por ello presta atención a todos los sonidos que le rodean, especialmente los que hacen los adultos, y empieza a imitar y repetir las sílabas más simples y que más repercusión tienen entre su círculo familiar: ma-má, pa-pá, ya-ya...

Entre los tres y los cinco años, el pequeño ya dispone de la base lingüística necesaria para comunicarse con los demás y para construir oraciones que progresivamente se hacen más complejas. Ello demuestra que el aprendizaje de la lengua es una capacidad innata al ser humano. Pero también que este aprendizaje debe realizarse en unas condiciones sociales y familiares que influirán decisivamente en el desarrollo personal y afectivo del niño. Y uno de los métodos más efectivos para potenciar la adquisición del lenguaje es el juego.

EL LENGUAJE EN EL MUNDO DEL NIÑO

El universo infantil obedece a unas reglas distintas a las de los adultos. Y en muchas ocasiones este hecho provoca el desconcierto entre los mayores, que ya no recuerdan que hubo una época, más o menos lejana, en la que ellos también fueron niños.

A este respecto, los pequeños utilizan el lenguaje en varios sentidos: por una parte, como un juguete que pueden manejar a su antojo, burlando las convenciones gramaticales de los mayores; por otra, como un instrumento de afirmación personal, un refugio al que los adultos no pueden acceder.

Los mayores no deben oponerse rígidamente ante esos usos del lenguaje, sino que han de mostrar su comprensión o, mejor, un «fingido» desconcierto que regocijará a los pequeños. Los adultos sólo tendrán que intervenir, siempre de forma prudente y cauta, si observan en el niño anomalías de dicción o comprensión, tales como la dislexia. En estos casos resulta conveniente el asesoramiento de un experto, especialmente de un logopeda.

VENTAJAS DE LOS JUEGOS LINGÜÍSTICOS

Además de conjugar diversión y aprendizaje, los juegos con el lenguaje, tanto oral como escrito, presentan una serie de ventajas para el desarrollo personal del niño:

♦ Desde un punto de vista intelectual, el pequeño puede aprender las distintas categorías de palabras y explorar las relaciones entre significantes y significados.

♦ Desde un punto de vista cultural, el niño aumenta progresivamente su vocabulario y desarrolla el sentido de la lógica lingüística, lo cual se traduce en un dominio paulatino de la escritura y la lectura.

♦ Desde un punto de vista social, el juego con el lenguaje fomenta las relaciones interpersonales, ya que en su mayoría son actividades de grupo.

CONSEJOS PARA JUGAR CON EL LENGUAJE

♦ Proporcione a sus hijos todo el material de escritura necesario para sus actividades: no sólo lápiz y papel, sino también lápices y tizas de colores, cartulinas o superficies apropiadas para el dibujo o la escritura. No hay duda de que los juegos lúdicos son uno de los más baratos, seguros y enriquecedores para el niño.

- ♦ Eduque a su hijo en el respeto por los objetos y el entorno doméstico: deben aprender que no se ha de escribir en las paredes ni en los muebles.
- ♦ No regañe a sus hijos ni se burle de ellos porque hagan un uso incorrecto del lenguaje. Hay muchas maneras de explicar al niño que no se dice *hacido* sino *hecho*, o que no se dice *andé* sino *anduve*. Cuando cometa esos fallos, rectifique al niño de una manera suave y sin darle excesiva importancia. No se desanime si su hijo sigue incurriendo en error: la propiedad lingüística se instalará de forma lenta y progresiva.

120. La historia misteriosa

• **Preparación:** este juego se realiza en grupo y cada niño debe tener una tira de papel horizontal y algo para escribir.

• **Finalidad del juego:** construir frases sintácticamente correctas aunque semánticamente disparatadas.

• **¿Cómo se juega?:** se reparte a cada miembro del grupo una tira horizontal de papel en la que se escribirán los diferentes elementos de la historia, que responderá a un esquema del tipo: (chico) encuentra a (chica) en (lugar) y le pregunta (pregunta) y ella le responde (contestación). Cada niño escribe al principio de su tira el nombre de un chico (puede ser uno de ellos, o un personaje famoso, histórico, de cómic, etc.). Dobla la tira para que no se vea lo que ha escrito y se la pasa a su compañero de la derecha. A continuación escribe en el papel que le acaban de pasar el nombre de una chica. Todos pasan y reciben al mismo tiempo. Vuelve a doblar la tira y la pasa nuevamente hacia la derecha. Escribe entonces el nombre de un lugar (la playa, un bar, Japón, un satélite que va a la luna, etc.). La dobla y la pasa. Así sucesivamente hasta completar la historia. Cada uno de los niños lee la frase final de uno de los papeles, que suele ser totalmente sorprendente y divertida.

• **Variedad:** se puede realizar una variedad de este juego para enseñar gramática de una manera divertida. El funcionamiento es el mismo, pero se trata de escribir una frase, dando simplemente su definición gramatical. Por ejemplo: artículo plural (los) - nombre común plural (elefantes) - verbo en futuro (volarán) -

adverbio (lentamente) - preposición (por) - artículo singular (la) - nombre común singular (clase).

Cada niño escribe el artículo que quiera en la parte izquierda del papel, lo dobla y lo pasa a su vecino. Escribe después un nombre en la tira que le acaban de pasar, la dobla y la pasa, y así hasta el final. Las frases que resultan pueden ser muy graciosas.

121. Palabras enlazadas

• **Preparación:** se trata de un juego sencillo para practicar en grupo, que no requiere ningún tipo de preparación.

• **Finalidad del juego:** además de enriquecer el vocabulario este juego permite repasar la ortografía y afianzar conocimientos, ya que la confusión entre *g / j* y *b / v* y la que crea la *h* suelen ser muy frecuentes en niños de estas edades.

• **¿Cómo se juega?:** consiste en enlazar palabras, unas con otras, de manera que la última sílaba de una palabra coincida con la primera sílaba de la siguiente.

• **Ejemplo:** si el primero dice «casa», el siguiente debe buscar una palabra que empiece por la sílaba «sa»: casa - saco - comer- mercado - domingo - goma - mano, etc. Así sucesivamente hasta que un miembro del grupo se equivoque o no encuentre la palabra adecuada. También se puede limitar el tiempo entre palabra y palabra para agilizar el juego, y el que tarde más en pensar la palabra pierde y queda eliminado. Conviene tener en cuenta que hay sílabas más difíciles que otras. Palabras como «claxon», «chicle», «saxo», «pasaje», etc., son difíciles de enlazar.

• **Consejo:** muy apropiado para los desplazamientos en tren o en coche o para las largas esperas.

122. Caperucita se come al vendedor de globos

• **Preparación:** cada niño debe tener papel y algo para escribir.
• **Finalidad del juego:** desarrollar los aspectos sintácticos de la lengua además de la creatividad personal.
• **¿Cómo se juega?:** los niños un poco mayorcitos están cansados de oír los mismos cuentos tradicionales de siempre. Pero éstos pueden ser más divertidos si variamos un poco la historia. Para ello es necesario incluir elementos nuevos distorsionantes que no tengan nada que ver con los que normalmente aparecen en el cuento y relacionarlos de alguna manera más o menos coherente. Este juego se puede hacer individualmente, pero siempre resulta mucho más divertido si se realiza en grupo. Si son muchos los participantes, conviene separarlos en diferentes grupos para obtener distintas versiones de la historia con los mismos elementos, lo que siempre crea más expectación. Por ejemplo, al conocido cuento de Caperucita se le pueden añadir elementos tales como: un helicóptero, un vendedor de globos, una pelota de tenis, un marciano, un baile de rock, etc. Aunque a menudo parezca imposible relacionar elementos tan dispares, la imaginación infantil no tiene límites y el resultado será siempre sorprendente y original.

123. Hablar con la *i*

• **Preparación:** ninguna.
• **Finalidad del juego;** divertirse con el lenguaje.
• **¿Cómo se juega?:** a los niños les encanta crear su propio lenguaje, distinto del de los adultos, tener un código secreto que sólo ellos puedan descifrar. De este modo se sienten independientes y especiales y consideran que su mundo particular está protegido frente a las intromisiones de los mayores. La incomprensión que crean, o creen crear en los adultos, les divierte enormemente. Una de las maneras de inventar su propio lenguaje es sustituir todas las vocales por una vocal concreta, por ejemplo la *i*. Lógicamente este código puede ir variando y utilizar cualquiera de las cinco vocales como letra comodín. Por experiencia podemos asegurar que la *o* y la *u* son las más difíciles tanto a la hora de emitir como a la hora de descifrar mensajes.
• **Ejemplo:** una frase como «dice mamá que le des las llaves del coche» se convertiría en esta otra: «dici mimí ki li dis lis llivis dil kichi».

124. ¡Hopolapa!

• **Preparación:** ninguna.
• **Finalidad del juego:** divertirse con el lenguaje.
• **¿Cómo se juega?:** es una variante del juego anterior, un poco más complicada. Se trata de otro lenguaje secreto que permite establecer una comunicación únicamente entre aquellos que

conocen el código utilizado. Si antes sustituíamos todas las vocales por una en concreto, ahora pondremos una sílaba determinada al final de cada sílaba pronunciada. Si por ejemplo elegimos la letra *p* colocaremos *pa*, *pe*, *pi*, *po*, *pu* detrás de la sílaba nombrada en función de la vocal que ésta lleve.

• **Ejemplo:** la frase «hola, ¿cómo estás? Me han dicho que hoy es tu cumpleaños» se convertirá en «hopolapa, ¿cópomopo espetáspa? Mepe hanpa dipichopo quepe hopoypi espe tupu cumpuplepeapañospo» (los diptongos se pueden separar como si fueran sílabas diferentes). Este juego requiere mucha atención tanto a la hora de hablar como al intentar comprender los mensajes.

125. El juego del ahorcado

• **Preparación:** únicamente se necesitan una hoja de papel y algo para escribir.
• **Finalidad del juego:** repasar la ortografía.
• **¿Cómo se juega?:** este juego se puede considerar un clásico entre los juegos que desarrollan el lenguaje. Consiste en adivinar una palabra de la que sólo conocemos la primera y la última letra y el número total de letras que la componen. Cada letra estará representada por un guión. Los miembros del grupo deberán ir diciendo letras que creen que pueden formar parte de la palabra misteriosa. Si efectivamente la letra forma parte de ella, se coloca en su lugar correspondiente (tantas veces como aparezca esa letra) y se vuelve a decir otra letra. Pero si la letra escogida no forma parte de la palabra, se hace un trazo de un dibujo esquematizado de un ahorcado. A medida que se fallan

las letras se añaden trazos al dibujo. Si alguien adivina la palabra la dice en voz alta y se encarga de pensar la siguiente palabra que deberá adivinar el resto del grupo. Pero quien complete el dibujo del ahorcado perderá y quedará eliminado.

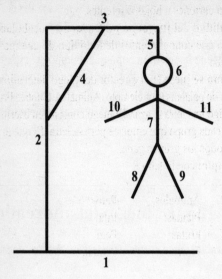

• **Ejemplo:**

T _ _ _ _ _ _ _ R (TELEVISOR)

Niño 1: la E

T E _ E _ _ _ _ R

Niño 2: la I

T E _ E _ I _ _ R

126. Categorías de palabras

• **Preparación:** se realiza en grupo y cada niño debe tener una hoja de papel y algo para escribir. Se debe escribir todo el alfabeto en cartones u hojas diferentes.

• **Finalidad del juego:** permite adquirir vocabulario nuevo al tiempo que conocimientos de todo tipo de una manera fácil y divertida.

• **¿Cómo se juega?:** el director del juego determina diferentes grupos de palabras (por ejemplo, Animales, Plantas, Frutas, Flores) y se elige una letra al azar. El juego consiste en escribir una palabra de cada grupo que empiece por esa letra. El que primero complete todos los grupos gana.

• **Ejemplo:** con la letra P.

Animales:	Pato
Plantas:	Pita
Frutas:	Pera
Flores:	Petunia

• **Consejo:** según la edad de los participantes se puede aumentar la dificultad del juego. Asimismo, si por ejemplo nos interesa reforzar los conocimientos de gramática, los grupos de palabras pueden ser los siguientes: Nombres, Verbos, Adverbios, Preposiciones, etc. Si por el contrario queremos repasar conocimientos de geografía o historia, los grupos elegidos podrán ser: Países, Capitales, Ciudades, Mares, Montañas, o bien Inventores, Descubridores, Pintores, Músicos, etc. El director del juego debe escoger las categorías de palabras en función de las necesidades de los pequeños.

127. Mensaje secreto

• **Preparación:** los niños deben tener una hoja de papel, algo para escribir y el código secreto utilizado.
• **Finalidad del juego:** divertirse y familiarizarse con el lenguaje.
• **¿Cómo se juega?:** de la misma manera que a los niños les encanta tener su código particular, también les resulta muy excitante descifrar mensajes con códigos distintos de los habituales. De esta manera se convierten por un rato en espías o investigadores con una misión que resolver. Los sistemas para crear nuevos alfabetos pueden ser de lo más variado. A continuación proponemos algunos de los que nos parecen más divertidos.

En una hoja de papel se escribe todo el alfabeto en su orden normal. Debajo de cada letra se escribe el alfabeto en orden inverso, de manera que la A se convierte en Z; la B, en Y; la C, en X, y así sucesivamente.

```
A  B  C  CH  D  E  F  G  H  I  J  K  L  LL
M  N  Ñ  O   P  Q  R  S  T  U  V  W  X  Y  Z

Z  Y  X  W  VUTS  RQPOÑN  M
LL L  K  J  I  HGFE  DCH CBA
```

Se les da este código a los niños para que descifren los mensajes secretos. El encargado de escribir los mensajes puede ser el director del juego o los distintos equipos que se formen. En este caso cada uno de ellos emitirá mensajes para que los descifre el otro equipo. Ganará el grupo que primero transforme las frases.
• **Ejemplo:**

DKÑDUHZLL ÑZG KGXEHZG SKÑKLLVHQLLZG
(Volverán las oscuras golondrinas)

GQ VUGXQTHZG UÑ MULLGZPU
RZYHZG SZLLZVK
(Si descifras el mensaje habrás ganado)

JZHUXU ELL ÑULLSEZPU VU MZHXQZLLKG
(Parece un lenguaje de marcianos)

128. La palabra infiltrada

• **Preparación:** papel y algo para escribir.
• **Finalidad del juego:** jugar con el lenguaje.
• **¿Cómo se juega?:** se trata de otro código secreto para crear
mensajes cifrados que consiste en incluir varias veces dentro de
una misma frase una palabra determinada, por ejemplo RATA.
La dificultad aumenta al descomponer las palabras en sílabas
independientes que pueden aparecer aisladas o estar unidas a la
palabra anterior o a la posterior de una manera aleatoria.
• **Ejemplo:** la frase «necesito que Alberto venga a casa esta tarde» se convertiría en el siguiente mensaje:

NECERA TASI TOQUE RA TAALBER TOVEN
GARA TAACA SAES RATATA TARRA TADE

• **Consejo:** lógicamente la palabra infiltrada deberá variar en cada
mensaje para hacer más difícil y divertido el juego.

129. Por parejas

• **Preparación:** como en los anteriores, sólo se necesita papel y algo para escribir.

• **Finalidad del juego:** jugar y familiarizarse con el lenguaje.

• **¿Cómo se juega?:** este nuevo código consiste en mezclar de manera desordenada las sílabas de dos palabras contiguas formando una única palabra. Cuando el número total de palabras que forman el mensaje sea par, no hay ningún problema; si es impar, la última palabra puede ir sola alterando el orden de sus sílabas.

• **Ejemplo:** un mensaje como el que sigue a continuación se transformaría en este otro:

«Si quieres moverte por la ciudad de una manera rápida, lo mejor que puedes hacer es usar los transportes públicos; aunque el autobús tiene sus ventajas, si tienes prisa te aconsejamos que cojas el metro.»

«Sieresqui moportever dadlaciu udena ránemaradapi, jorlome puequedes ceresha ulossar púportranstescosbli; queelaun tieaunebústo vensusjasta, tiesines tesapri conjaqueasemos jaselco trome.»

• **Consejo:** si la edad de los participantes lo permite se puede complicar el juego. Antes de descifrar el mensaje, deberán descubrir el código utilizado por sí mismos y, una vez descubierto éste, podrán transformar las frases. Si los niños son más pequeños, se les facilitará el código antes de empezar el juego.

130. Pera-manzana-plátano-melón...

• **Preparación:** este juego no necesita ninguna preparación.

• **Finalidad del juego:** la finalidad, además de divertirse, es ejercitar la memoria.

• **¿Cómo se juega?:** el juego consiste en enlazar palabras de una misma categoría semántica (animales, frutas, países, colores, etc.), pero siempre repitiendo las palabras anteriormente citadas y añadiendo una más.

• **Ejemplo:** si la categoría de palabras elegida es la de frutas, el primer participante empezará diciendo una cualquiera, por ejemplo «pera»; el siguiente participante deberá repetir esa palabra y añadir otra: «pera-manzana»; el siguiente repetirá las dos anteriores y una más: «pera-manzana-plátano», y así sucesivamente hasta que la cadena de palabras sea tan extensa que requiera mucha concentración y atención para acordarse de todas las palabras y del orden en que han aparecido. El primero que se equivoque quedará eliminado hasta que quede un único participante, que será el ganador.

• **Consejo:** dado el esfuerzo de memorización requerido, recomendamos no alargar demasiado el juego. Muy apropiado para viajes largos o esperas aburridas.

131. Pasar la frontera

• **Preparación:** sólo se requiere que los participantes estén sentados formando un círculo cerrado.

• **Finalidad del juego:** repasar el vocabulario y la ortografía al mismo tiempo que se desarrolla la agilidad mental.

• **¿Cómo se juega?:** uno del grupo sale fuera de la sala y deberá descubrir cómo pasan la frontera los demás. El resto de amigos deciden un código determinado, de mayor o menor dificultad, para poder pasar la frontera.

• **Ejemplo:**

> Con cualquier palabra que empiece por C : «Yo paso la frontera en Coche», «Yo la paso con una Cabra», «Yo paso la frontera con Calcetines», etc.

> Con cualquier objeto de color rojo: «Yo paso la frontera con un tomate», «Yo, con un disfraz de Papa Noel», «Yo la paso con un capote de torero», etc.

> Con un objeto que empiece por la misma letra que la inicial del nombre de quien pasa la frontera: (Pepe) «Yo la paso con una peineta»; (Carla) «Yo la paso con un colega»; (Esteban) «Yo, con una escoba»; etc.

> Con objetos que se puedan ver en ese momento en la habitación: «La paso con un espejo», «Yo la paso con un montón de libros», «Yo, con un florero azul», etc.

El encargado de descubrir cómo pasan la frontera sus compañeros debe escucharlos y, cuando crea saber cómo pasarla, dirá una frase del mismo tipo: «Yo la paso con un avión»; los demás deberán permitir o negar su paso por la frontera, según haya adivinado el código o no. Conviene que la pase varias veces para evitar que acierte por casualidad.

• **Consejo:** si se desea repasar las normas ortográficas, el director del juego deberá seleccionar códigos del tipo: «se pasa la frontera con palabras que lleven una G», «se pasa la frontera con palabras que empiecen por H», etc.

132. La palabra espía

• **Preparación:** no se necesita preparación, pero sí requiere disponer de bastante tiempo, a ser posible toda la mañana, toda la tarde o un día entero.

• **Finalidad del juego:** jugar con el lenguaje.

• **¿Cómo se juega?:** se trata de elegir entre todo el grupo una palabra poco utilizada normalmente y de intentar introducirla en una conversación con personas ajenas al grupo de una manera coherente. El primero que lo consiga gana el juego. Palabras como «chaleco», «torero», «destornillador», «salamandra», etc., pueden servir de palabras espías puesto que sin ser raras no son términos que se utilicen con asiduidad. Es importante que aparezcan en el contexto adecuado aunque sea de manera metafórica: «Eres más corto que las mangas de un chaleco».

133. ¿De dónde es?

• **Preparación:** se necesitan tarjetas o cartulinas para escribir en ellas los nombres y apellidos.

• **Finalidad del juego:** jugar con las letras y repasar la geografía.

• **¿Cómo se juega?:** en cartulinas o tarjetas se escribe el nombre y apellido de un personaje y hay que adivinar su origen. ¿Cómo? Muy fácil. Colocando adecuadamente las letras que forman el nombre de su lugar de procedencia. Se pueden dar pistas del tipo «es de un país del norte de Europa».

• **Ejemplo:**

Ana Mardic	Dinamarca
Noa Ruge	Noruega
Diana Vicasen	Escandinavia
Sara Dufic	Sudáfrica
Teo Ipía	Etiopía

• **Variedad:** en vez de adivinar el origen del personaje se puede descubrir a qué se dedica. Es el mismo sistema pero entre el nombre y el apellido se esconde su profesión. Por ejemplo:

Ana Rabili	Bailarina
María Binssut	Submarinista
Tomás Repitt	Trompetista
Dora Mod	Domador
Electra Cisti	Electricista
Jordi Rane	Jardinero

134. Adivinar el personaje famoso

• **Preparación:** ninguna.
• **Finalidad del juego:** desarrollar el lenguaje.
• **¿Cómo se juega?:** se trata de pensar un personaje famoso y los demás deben intentar adivinar quién es a través de preguntas cerradas que sólo pueden responderse con un «sí» o con un «no». Para dificultar el juego se puede limitar el número de preguntas a 10, 15 o 20.
• **Ejemplo:** las preguntas formuladas serán del tipo:

  1. ¿Es hombre?
  2. ¿Es americano?
  3. ¿Es cantante?
  4. ¿Es blanco?
  5. ¿Tiene relación con el cine?, etc.

• **Variedad:** se puede realizar el mismo juego pero, en vez de adivinar personajes famosos, adivinando objetos determinados. El funcionamiento es el mismo pero el tipo de preguntas lógicamente variará.

135. ¿Yo puedo «pitufar»?

• **Preparación:** ninguna.
• **Finalidad del juego:** aumentar el vocabulario de verbos.
• **¿Cómo se juega?:** parecido a los anteriores, en este juego hay que adivinar el verbo pensado, que se sustituirá por el verbo «pitufar». Se responderá únicamente con los monosílabos.

• **Ejemplo:** en este caso las preguntas serán del tipo:

1. ¿Pueden pitufar los mayores?
2. ¿También pitufan los niños?
3. ¿Se necesita algún instrumento para pitufar?
4. ¿Se puede pitufar a cualquier hora?
5. ¿Pitufamos cada día?, etc.

136. ¿Cuál es tu nombre secreto?

• **Preparación:** ninguna.
• **Finalidad del juego:** jugar con el lenguaje.
• **¿Cómo se juega?:** a los niños les encanta tener un nombre secreto que sólo conozcan sus amigos, así como poder llamar a los otros por un nombre que sólo ellos puedan identificar. De esta manera pueden hablar de la gente sin que nadie se entere de quién están hablando y eso les hace sentirse especiales. Una manera fácil de poner apodos consiste en unir las primeras sílabas que componen el nombre y los dos apellidos. De este modo se obtiene siempre una palabra de tres sílabas. El resultado puede ser muy divertido ya que a veces la palabra resultante no significa absolutamente nada, y en cambio otras veces tiene un significado por sí misma.
• **Ejemplo:**

Roser Ramón Gabarró	RORAGA
Julio Jiménez Jaén	JUJIJA
Cristina Cavé Canales	CRISCACA

Paco Lozano Morales............	PALOMO
María Letrado Tarrés.............	MALETA
David Menéndez Rodero.......	DAMERO
Olga Vidal Darío..................	OLVIDA

Un par de niños a los que se les ha dado el código pueden empezar a hablar de sus amigos en clave y el resto del grupo, intentar adivinar de quién hablan y descubrir el origen del apodo. A medida que lo descubran pueden participar en la conversación sin revelar el código. El último en descubrirlo pierde.

137. Alargar las palabras

• **Preparación:** se necesitan muchas tarjetas, algo para escribir y hojas de papel.

• **Finalidad del juego:** aumentar vocabulario y aprender ortografía de manera divertida.

• **¿Cómo se juega?:** para realizar este juego hay que escribir en tarjetas o papeles individuales las consonantes por un lado y las vocales por otro sin mezclar los dos grupos. Conviene escribir todas las letras varias veces para que estén repetidas y permitan hacer más combinaciones. A continuación se les da la vuelta y se mezclan por un lado todas las tarjetas de las consonantes y por otro todas las de las vocales. Todos los niños tienen que tener una hoja de papel y algo para escribir. De uno en uno van eligiendo consonantes o vocales, lo que prefieran, hasta completar un total de nueve letras. Se les da la vuelta con las letras que han salido al azar deben construir una palabra lo más larga posible (se admiten todos los tiempos verbales). Se da un tiempo límite que variará en función de la edad de los niños. Quien consiga la palabra más larga gana.

Este sencillo juego además de enriquecer vocabulario sirve para repasar la ortografía de una manera divertida. Los niños no tienen la sensación de estar aprendiendo pero enseguida descubren, por ejemplo, que cuando aparecen una *be* y dos *aes* tienen la posibilidad de escribir un pretérito que les puede hacer ganar.

138. Veo, veo

• **Preparación:** tarjetas individuales.
• **Finalidad del juego:** repasar la ortografía.
• **¿Cómo se juega?:** este juego es una variedad del tradicional juego del «veo, veo», pensada para niños un poco más mayorcitos. Se escriben todas las letras en tarjetas individuales. Se les da la vuelta y se mezclan. Se elige una letra y hay que buscar un objeto de la habitación o del entorno cuyo nombre empiece por esa letra. El primero que la descubra gana. Aunque parece muy fácil hay que tener en cuenta que hay letras que pueden causar confusión en los niños (*h, b, v, g, j*) o que son poco frecuentes al inicio de palabra (*z, x, u*).

139. ¿Qué llevamos en la canastilla?

• **Preparación:** no necesita preparación alguna.
• **Finalidad del juego:** este tranquilo juego permite aumentar el vocabulario de una manera divertida.

• **¿Cómo se juega?:** a la pregunta formulada por el director de juego («¿Qué llevamos en la canastilla?»), los niños deben responder por turnos palabras que rimen con «canastilla», es decir, que acaben en *-illa*.

• **Ejemplo:** una tortilla, una polilla, una mascarilla, una sombrilla, una esterilla, una lentilla, etc. El que repita una palabra dicha o aquel al que no se le ocurra ninguna palabra más que decir, pierde y queda eliminado para la siguiente ronda, en la que la pregunta variará. Las preguntas pueden ser del tipo:

¿Qué metemos en el cesto?
¿Qué metemos en la maleta?
¿Qué metemos en el maletín?
¿Qué metemos en la nevera?
¿Qué metemos en la caja?, etc.

140. La palabra elástica

• **Preparación:** al igual que el juego anterior no necesita preparación alguna.

• **Finalidad del juego:** aumentar el vocabulario infantil.

• **¿Cómo se juega?:** consiste en alargar una palabra incluyéndola en otras que tengan un número mayor de sílabas. El primer niño dice una palabra muy corta, a ser posible un monosílabo, que los demás jugadores deberán incluir en otra palabra más larga y con sentido. Así hasta que a alguno de los miembros del grupo no se le ocurra ninguna palabra o repita alguna que ya hayan dicho.

• **Ejemplo:** si el primero dice «sal», el siguiente puede decir «sala»; el siguiente, «salero»; el siguiente, «salida», «salón», «salamandra», etc. El que consiga decir la palabra más larga gana, pero si alguien se queda en blanco sin saber qué decir queda eliminado para la siguiente ronda.

• **Consejo:** conviene tener un diccionario a mano para comprobar que las palabras enunciadas son correctas.

141. Las palabras compuestas

• **Preparación:** se forman dos grupos diferentes y cada uno de ellos confecciona una lista de palabras compuestas. Por ejemplo: rascacielos, paraguas, televisor, camaleón, parachoques, desatascador, pasatiempo, pasodoble, mediodía, tiovivo, matasuegras, montacargas, malcriado, sinfín, espantapájaros, etc.

• **Finalidad del juego:** aumentar vocabulario y aprender a dar definiciones.

• **¿Cómo se juega?:** se trata de que cada uno de los grupos adivine las palabras compuestas del otro grupo a través de las definiciones que éstos les darán. Pero las definiciones no serán de la palabra compuesta sino de las palabras que la forman. Conviene no dar unas definiciones muy fáciles para complicar un poco el juego y hacer pensar un poco más a los amigos.

• **Ejemplo:** la palabra *rascacielos* (= *rasca* + *cielos*) se puede definir de la siguiente manera: «la primera parte de la palabra la haces cuando te ha picado un mosquito; la segunda (en plural) la miras cuando quieres ver el día que hace».

• **Otro ejemplo:** *matasellos* (= *mata* + *sellos*): «la primera parte es el imperativo de un verbo muy violento; la segunda es algo que necesitas si quieres que tus cartas de amor lleguen a tu enamorado».

142. ¿Verdadero o falso?

• **Preparación:** papel y algo para escribir.
• **Finalidad del juego:** desarrollar la imaginación y la improvisación.
• **¿Cómo se juega?:** se trata de escribir en una hoja de papel tres afirmaciones, dos de ellas verdaderas y una falsa. Los miembros del grupo deberán hacer preguntas relacionadas con las tres afirmaciones y descubrir cuál es el enunciado falso. El niño que escribe las afirmaciones debe intentar que sus respuestas resulten lo más creíbles posibles para dificultar la elección de sus compañeros. Cuanto más extravagantes u originales sean las afirmaciones más divertido será el juego, pero conviene no abusar de la imaginación puesto que hay cosas que ni siquiera los amigos se creerán. Las posibles incoherencias o los titubeos en las respuestas pueden ser la pista para descubrir la frase falsa.

• **Ejemplo:**

1. Un día me echaron de clase por reír.
2. Un día el profesor tuvo que salir de clase porque le dio un ataque de risa.
3. Un día el profesor apareció con un perro en clase.

Las preguntas de los compañeros serían del tipo:

¿Por qué te reías?
¿Qué profesor te echó de clase?
¿A qué profesor le dio el ataque de risa?
¿Por qué se reía tanto?
¿De quién era el perro del profesor?, etc.

143. Sola, sala, pala, mala

• **Preparación:** de nuevo, un juego que no requiere preparación alguna.

• **Finalidad del juego:** sirve para aumentar y revisar tanto el vocabulario como la ortografía.

• **¿Cómo se juega?:** los participantes, por turnos, deben variar una única letra de una primera palabra y formar otra palabra con sentido. Aquel que no pueda transformar la palabra pierde. Se recomienda escoger palabras bisílabas de fácil transformación para que el juego resulte ágil y divertido.

• **Ejemplo:** sola - sala -pala - mala- malo - talo - taco - saco, etc.

144. Dibuja la palabra

• **Preparación:** se necesitan papel, algo para dibujar, un diccionario y un reloj (preferiblemente de arena).

• **Finalidad del juego:** combinar las habilidades lingüísticas y artísticas de los participantes.

• **¿Cómo se juega?:** consiste en representar las palabras por medio de dibujos. Se forman dos equipos, cada uno de los cuales dispondrá de hojas de papel en blanco y lápices para dibujar. Por turnos, uno de los miembros de cada grupo será el encargado de dibujar la palabra escogida. El director del juego elegirá una palabra al azar del diccionario según el criterio seleccionado (por ejemplo, la tercera palabra de la página derecha) y se la comunicará únicamente a los dibujantes. Éstos deberán representar la palabra mediante dibujos para que los miembros de su equipo la adivinen. Se dará un tiempo máximo para cada palabra. El equipo que antes la adivine ganará dos puntos. Si nadie ha adivinado la palabra, se les restará un punto a cada equipo, y al final quien sume más puntos habrá ganado el juego. Antes de iniciarlo, se puede determinar el máximo de puntos que hay que alcanzar. Asimismo es función del director del juego determinar si la palabra escogida es fácilmente representable. Si la dificultad es excesiva puede escoger la siguiente que aparece en la página o aquella que él prefiera.

145. Busca las palabras escondidas

• **Preparación:** papel y algo para escribir.
• **Finalidad del juego:** aumentar el vocabulario de los niños. Este tipo de juegos si se realizan en grupo, además de resultar más divertidos, permiten que unos niños aprendan de los otros.
• **¿Cómo se juega?:** se eligen palabras largas, de ocho o nueve letras, y se deben buscar todas las posibles combinaciones que se puedan hacer con algunas de las letras que componen esas palabras. Se da un límite de tiempo y quien haya conseguido más palabras gana.
• **Ejemplo:** combinando algunas letras de la palabra ESTOR-NUDO se pueden obtener todas estas otras palabras:

1. duro	9. todo	17. tesoro
2. nudo	10. don	18. torso
3. toro	11. ser	19. esto
4. norte	12. torno	20. resto
5. rudo	13. turno	21. tensor
6. seto	14. dos	22. roto
7. toser	15. ruedo	23. dentro
8. red	16. suero	24. tesón

146. Mensaje telegráfico

• **Preparación:** se necesita un diccionario, papel y algo para escribir.

• **Finalidad del juego:** este juego además de aumentar los conocimientos del lenguaje desarrolla la imaginación de los niños.

• **¿Cómo se juega?:** se abre el diccionario por una página cualquiera y se elige una palabra. Las letras que componen esa palabra serán las iniciales de las palabras que formen el telegrama. Se da un tiempo límite y, por votación popular, el telegrama más divertido u original ganará el juego.

• **Ejemplo:** con la palabra PIRATA se pueden escribir estos telegramas.

1. «Pedimos Información Referente Antiguos Tesoros Australianos»
2. «Para Ir Rápido Antes Toma Agua»
3. «Por Internet Recibimos Algún Tiburón Azul»

147. El juego de los disparates

• **Preparación:** este juego se debe realizar en grupo y todos los niños deben sentarse formando un círculo cerrado.

• **Finalidad del juego:** divertirse con el lenguaje.

• **¿Cómo se juega?:** el que empieza el juego debe hacer una pregunta al oído del compañero situado a su derecha del tipo: «¿Para qué sirve un...?», y éste le contestará también al oído, evitando que los demás niños le oigan. A su vez este segundo niño hará una pregunta completamente distinta al oído de su compañero de la derecha y éste le responderá en voz baja. Así sucesivamente hasta que se cierre el círculo y el niño que inició el juego conteste a una pregunta. Una vez completada la ronda, cada niño deberá repetir en voz alta la pregunta que le ha hecho su compañero de la izquierda y la respuesta que le ha dado el de la derecha: «Por aquí me han preguntado que si..., y por aquí me han respondido que...». Como las preguntas formuladas no tienen nada que ver unas con otras, la mezcla de preguntas y respuestas que se crea es completamente disparatada.

• **Ejemplo:**

Niño 1: ¿Para qué sirven las llaves?
Niño 2: Para abrir las puertas.
Niño 2: ¿Para qué sirve un sacacorchos?
Niño 3: Para abrir botellas.
Niño 3: ¿Para qué sirve un abrecartas?
Niño 1: Para abrir cartas.

Niño 1: Por aquí me han preguntado para qué sirve un abre-cartas y por aquí me han contestado que para abrir puertas.
Niño 2: Por aquí me han preguntado para qué sirven las lla-ves y por aquí me han contestado que para abrir botellas.
Niño 3: Por aquí me han preguntado para qué sirve un saca-corchos y por aquí me han contestado que para abrir cartas.

148. Completar palabras

• **Preparación:** sólo se necesita papel y lápiz para escribir.

• **Finalidad del juego:** es un juego muy sencillo que permite ampliar el vocabulario de los niños.

• **¿Cómo se juega?:** se escoge una palabra, preferentemente de dos sílabas ya que son las más frecuentes en nuestra lengua, y se escribe dos veces en vertical: una de arriba abajo y otra de abajo arriba. Entre letra y letra se dejan dos espacios para completar una nueva palabra.

• **Ejemplo:** la palabra SARA la escribimos dos veces:

```
S _ _ A
A _ _ R
R _ _ A
A _ _ S
```

A continuación los niños deberán completar los espacios con letras que formen palabras concretas, y quien antes acabe ganará el juego. Por ejemplo:

```
S O P A
A S A R
R A T A
A L A S
```

149. La historia sorpresa

• **Preparación:** no se necesita ninguna preparación.
• **Finalidad del juego:** divertirse con las historias que se crean.
• **¿Cómo se juega?:** este juego sólo se puede realizar una sola vez con el mismo grupo de niños puesto que cuando se descubre el funcionamiento no se puede volver a repetir. Para jugar, uno de los niños debe salir de la habitación. Cuando vuelve a entrar se le dice que el grupo ha inventado una historia y que él debe reconstruirla mediante preguntas que sus compañeros únicamente podrán contestar con un «sí» o con un «no». Pero en realidad el grupo no ha inventado ninguna historia y las respuestas serán afirmativas o negativas en función de la última letra de la pregunta. Si la última palabra acaba en vocal se contesta «sí», si por el contrario acaba en consonante la respuesta será «no». Con la información que reciba y una buena dosis de imaginación, el niño que hace las preguntas deberá reconstruir la historia que crea que se han inventado. El resultado puede ser muy divertido. Conviene limitar el número de preguntas para evitar que repita las mismas preguntas con diferente fórmula y pueda recibir información incoherente que le haga sospechar que no hay ninguna historia.
• **Ejemplo:**

> ¿Es una historia de aventuras? «No»
> ¿Es una historia romántica? «Sí»
> ¿La protagonista es una chica? «Sí»
> ¿Está enamorada de un chico? «Sí»
> ¿Sus padres lo saben? «No»
> ¿El chico tiene otra novia? «Sí»
> ...

150. Susana subió sola la senda

• **Preparación:** se necesita papel y algo para escribir.

• **Finalidad del juego:** el interés de este juego reside en que pone de manifiesto el vocabulario de los niños al mismo tiempo que desarrolla aspectos sintácticos y semánticos del lenguaje.

• **¿Cómo se juega?:** en un tiempo limitado (entre 1 y 2 minutos) los niños deben escribir un texto lo más coherente posible en el que se incluya el mayor número posible de palabras que empiecen por una letra elegida de manera aleatoria. El niño que sea capaz de introducir más palabras en su texto será el ganador del juego.

• **Ejemplo:** con la letra S.

Niño 1: «Susana subió sola la senda sin saber si saldría o no el sol. Sintió un suave y sensual sonido de saxo que salía del seto y supo que se trataba de Sergio.»

Niño 2: «No era un sueño. Sentía cómo la secuestraban en silencio unos sinvergüenzas: la sacaban de la sala y la sentaban en un sillón casi sin sentido. Sin saberlo se había sumido en un estado de semiinconsciencia.»

Niño 3: «Todas las semanas, la simpática Sandra se sentaba en su silla al sol y saboreaba una sabrosa y sonrosada sandía.»

El ganador sería el primer niño ya que su texto contiene diecinueve palabras que empiezan con la letra *s*, mientras que el segundo niño ha escrito sólo dieciséis palabras que empiezan con esa letra y el tercero, únicamente doce.

151. Palabras tabú

• **Preparación:** se necesitan tarjetas o fichas y algo para escribir.

• **Finalidad del juego:** además de entretener a los niños sirve para que éstos se vayan familiarizando con las perífrasis lingüísticas, es decir, con el uso de expresiones complejas para definir una palabra.

• **¿Cómo se juega?:** este divertido juego consiste en definir unas palabras determinadas pero sin incluir en la definición algunos términos (las denominadas palabras tabú) estrechamente relacionados con aquéllas. Se juega por equipos y, antes de empezar, el director del juego debe escribir en tarjetas diferentes las palabras que se van a definir y al lado las palabras tabú que no se pueden nombrar. Por turnos, cada uno de los niños deberá escoger una tarjeta y definir la palabra, sin decir las palabras tabú que la acompañan, en un tiempo limitado (preferiblemente breve). El primer equipo que la adivine sumará un punto; pero si el niño se equivoca e incluye alguna de las palabras tabú en la definición, el equipo al que pertenezca se restará dos puntos. Al final del juego el equipo que sume más puntos será el ganador.

• **Ejemplo:**

1. LEÓN	2. GAFAS	3. BUFANDA
fiera	ojos	cuello
melena	vista	frío
rey	ver	guantes
selva	visión	ropa

Algunas posibles definiciones de esas palabras serían:

LEÓN:	«Es un animal salvaje parecido al tigre pero con más pelo alrededor de la cabeza.»
GAFAS:	«Te las recomienda el oculista cuando no distingues bien los objetos que miras.»
BUFANDA:	«Te la enrollas en una parte de tu cuerpo cuando sales a la calle en invierno, y así vas más calentito.»

152. Cadena de verbos

• **Preparación:** cada niño debe tener papel y lápiz para escribir.

• **Finalidad del juego:** aprender a coordinar los tiempos y las formas verbales y a desarrollar la sintaxis.

• **¿Cómo se juega?:** el director del juego elige varios verbos al azar, que no tengan entre sí relación alguna. Con esos verbos los niños deben escribir una frase o un párrafo que los relacionen a todos de una manera más o menos coherente, en un tiempo limitado (uno o dos minutos aproximadamente, dependiendo de la edad de los participantes). El primero en escribir una frase que contenga todos los verbos gana el juego. Lógicamente se aceptarán todos los tiempos verbales ya que es una manera de aprender a coordinarlos en frases complejas.

• **Ejemplo:** Saltar - Comer - Nadar - Comprar - Llorar.

Niño 1:	Después de comer, Jorge se fue a nadar un rato a la piscina. Cuando estaba a punto de saltar desde el trampolín se dio cuenta de que no se había acordado de comprar los tapones para los oídos. El impacto del agua le hizo tanto daño que salió del agua llorando.

Niño 2: Paula salió a comprar algo para comer y se acordó de que necesitaba un bañador para ir a nadar. En un escaparate vio uno tan bonito que se puso a saltar de alegría. Pero cuando entró en la tienda y le dijeron el precio no pudo evitar ponerse a llorar delante de la dependienta.

• **Consejo:** es labor del director del juego corregir todas aquellas frases que estén mal escritas tanto en un nivel sintáctico como ortográfico.

153. La respuesta empieza por A

• **Preparación:** este juego requiere una preparación un poco laboriosa pero nada complicada. El director del juego debe preparar toda una serie de preguntas y respuestas, cada una de las cuales corresponderá a una letra del alfabeto. Es decir, debe preparar una pregunta cuya respuesta empiece por la letra A, otra cuya respuesta empiece por la letra B, otra cuya respuesta empiece con la C, y así hasta completar todo el alfabeto. Los niños se dividen en dos grupos diferentes. Se establece un tiempo límite.

• **Finalidad del juego:** repasar y adquirir conocimientos de todo tipo de una manera entretenida.

• **¿Cómo se juega?:** el director del juego escribe en cartones diferentes cada una de las letras del abecedario. Los cartones se colocan al revés, de manera que no se vean las letras, y se mezclan unos con otros. Los niños, por turnos, van eligiendo una letra y el director del juego les hace la pregunta correspondiente, cuya respuesta empieza por la letra elegida. Si aciertan, suman dos puntos y pueden escoger otra letra y continuar. Pero si fallan o superan el tiempo establecido, se le da la oportunidad de responder al otro grupo y, si éste acierta, suma tres puntos y sigue jugando. Si el segundo grupo no acertara no sumaría los tres puntos, pero sí tendría la oportunidad de seguir jugando.

• **Ejemplo:**

A. ¿Qué continente se descubrió en 1492? (América)
B. ¿Qué ciudad europea estuvo muchos años separada por un muro? (Berlín)
C. ¿Cuál es el órgano que bombea sangre a todo el cuerpo humano? (Corazón)
D. Lo contrario de cualidades. (Defectos)

• **Consejo:** para seleccionar las preguntas es importante tener en cuenta aquellas materias que a sus hijos les conviene repasar, y aconsejamos escoger las preguntas basándose en el libro o en el programa de dicha materia.

154. Parejas de contrarios

• **Preparación:** no se necesita ningún tipo de preparación.
• **Finalidad del juego:** aumentar el vocabulario de antónimos.
• **¿Cómo se juega?:** por turnos, cada niño debe decir una pareja de contrarios. Aquel a quien no se le ocurra ninguna o que repita alguna pareja ya dicha quedará eliminado.
• **Ejemplo:** grande/pequeño; frío/caliente; guapo/feo; desnudo/vestido; fácil/difícil; lleno/vacío; etc.

155. El teléfono

• **Preparación:** ninguna.
• **Finalidad del juego:** divertirse con el lenguaje.
• **¿Cómo se juega?:** se sientan todos los niños en el suelo formando un círculo. El primero le dice a su compañero de la derecha una frase al oído, de manera inteligible pero muy rápida. Este niño debe transmitir el mensaje que haya entendido al niño de su derecha. Y así sucesivamente hasta que se complete el círculo. El último niño debe decir en voz alta el mensaje que le ha llegado y compararlo con el real. Durante el recorrido el mensaje suele distorsionarse mucho, y la diferencia entre uno y otro siempre hace reír a los niños.

156. Si fuera...

• **Preparación:** no se necesita ninguna preparación.
• **Finalidad del juego:** desarrollar la imaginación y jugar con el lenguaje.
• **¿Cómo se juega?:** los niños se dividen por parejas. Una de ellas piensa el nombre de un personaje famoso. Las demás parejas, por turnos, deben ir haciendo preguntas del tipo: «Si fuera... ¿qué sería?». La pareja que acierte el nombre del personaje gana el juego y se piensa el siguiente nombre.
• **Ejemplo:** el personaje pensado es Carl Lewis.

Si fuera un animal, ¿qué sería? .... Un guepardo
Si fuera un color, ¿cuál sería? .... El color oro
Si fuera un número, ¿cuál sería? .... El 1
Si fuera un coche, ¿cuál sería? .... Un Ferrari

Si fuera un deporte, ¿cuál sería? .... El atletismo

Si fuera un país, ¿cuál sería? .... Estados Unidos

Si fuera alguna prenda
de ropa, ¿qué sería? .... Unas bambas

157. Sopas de letras

• **Preparación:** sólo se necesita papel y algo para escribir.

• **Finalidad del juego:** desarrollar las dotes de observación, repasar la ortografía y las nociones de direccionalidad.

• **¿Cómo se juega?:** este conocido juego consiste en mezclar numerosas letras entre las cuales se han colocado diferentes nombres de una categoría determinada: animales, países, ríos, flores, etc. Se forman dos grupos diferentes, cada uno de los cuales debe crear un cuadro formado por diez filas y diez columnas. Cada grupo elegirá un tema y escribirá en ese cuadro siete u ocho palabras relacionadas con él, escritas en cualquier dirección. Cuando tengan las palabras escritas deberán completar los espacios en blanco con diferentes letras para camuflar las palabras escritas. Una vez hechas las sopas de letras, se intercambian y el grupo que primero encuentre todas las palabras será el ganador.

E	H	S	N	A	Ñ	R	F	V	X
D	G	D	C	L	A	V	E	L	E
E	L	F	V	O	G	Y	H	N	D
F	A	G	C	P	F	U	J	M	T
Y	D	H	X	A	D	I	K	T	U
R	I	J	Z	M	S	O	L	A	L
E	O	I	N	A	R	E	G	Q	I
T	L	S	Q	L	Q	A	Z	Z	P
D	O	Ñ	A	Z	U	C	E	N	A
T	A	M	E	K	E	D	C	S	N

158. Dictar dibujos

• **Preparación:** se necesita papel y algo para dibujar. Además, el director del juego previamente habrá realizado un dibujo con distintas figuras geométricas (del que se pueden hacer copias).

• **Finalidad del juego:** descubrir la importancia de una correcta comunicación bidireccional.

• **¿Cómo se juega?:** se divide el grupo por parejas cuyos miembros se colocarán de espaldas uno contra otro, de manera que no puedan verse. El director del juego reparte a cada pareja el dibujo que ha realizado con figuras geométricas de diferentes formas y tamaños. El niño que recibe el dibujo tratará de dictárselo a su compañero, que no podrá decir ni preguntar nada, mediante indicaciones lo más concretas posibles. Cuando hayan acabado, sin mirar el dibujo, se vuelve a repetir el ejercicio, pero esta vez las parejas estarán frente a frente y, aunque no podrán gesticular, sí estará permitido hablar y preguntar. Una vez acabado, se comparan los dos dibujos y se analizan las diferencias.

Modelo de dibujo:

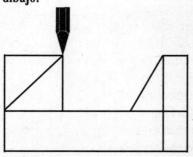

VIII. JUGAR CON LOS NÚMEROS

Para la mayoría de los niños en edad escolar, las matemáticas son el ogro que convierte lo que debería ser una feliz infancia en un infierno plagado de números y operaciones aritméticas. Sin embargo, los adultos saben que dominar el complejo lenguaje matemático es una garantía para que los niños adquieran unos conocimientos muy útiles tanto para su desarrollo personal como para su futuro. ¿Cómo conjugar esos dos polos opuestos? En el presente apartado encontrará una serie de entretenidos juegos gracias a los cuales logrará que sus hijos consideren los números no como sus enemigos, sino como unos divertidos aliados.

LOS NÚMEROS Y EL APRENDIZAJE

Los niños aprenden a identificar los números antes que las letras. Ello se debe a que su forma gráfica es más visual y llamativa: los pequeños se sienten atraídos por la figura oronda del 8 y comparan el dígito 2 con un patito o el 4 con una silla. Por tanto podemos decir los números tienen un componente lúdico que el niño sabe apreciar y disfrutar en sus primeros años de aprendizaje.

Sin embargo, esta situación varía considerablemente a medida que el niño empieza su etapa escolar. En esta nueva fase, los números, antaño simples y divertidos, evolucionan hacia un universo complejo y cada vez más inaccesible para el pequeño: números de varias cifras, sumas, restas, multiplicaciones, divisiones, decimales, quebrados, raíces cuadradas, ecuaciones, progresiones, logaritmos... En un período de pocos años, los números, antiguos aliados del niño, se convierten en sus más acérrimos enemigos.

EL PAPEL DE LOS ADULTOS

Una de las funciones que deben asumir los mayores es la de hacer más fácil y llevadera la traumática transición descrita en el anterior subapartado. Y esa responsabilidad debe ser compartida tanto por los educadores como por los padres.

Por lo que respecta a los primeros, no es nuestra intención inmiscuirnos en el papel que debe desempeñar el profesorado. Pero sí podemos llamar la atención sobre las cualidades pedagógicas del juego, especialmente a la hora de asimilar determinadas enseñanzas. En este sentido, algunas editoriales de libros de texto se han hecho eco de ello e incluyen en cada una de sus lecciones actividades lúdicas de grupo que hacen menos árida y más divertida la «terrible» clase de matemáticas.

Durante esta etapa de aprendizaje también es fundamental la intervención de los padres, no sólo ayudando y orientando a sus hijos mientras hacen los deberes, sino también mostrándose comprensivos y conciliadores ante los posibles –y mal llamados– «fracasos escolares». Ante estas situaciones es imprescindible la colaboración entre padres y profesores, con el objeto de que las matemáticas no se conviertan en un escollo insalvable para el desarrollo personal y afectivo del niño.

Ventajas de los juegos numéricos

La práctica de este tipo de juegos no sólo permite al niño recuperar su relación amistosa con los números. También posibilita el desarrollo de una serie de aptitudes mentales que le serán de gran utilidad, aunque no lo parezca a simple vista, en su vida social y profesional.

Los juegos numéricos desarrollan el sentido de la lógica, del raciocinio y de la deducción. Gracias a ellos, el niño adquiere progresivamente una mayor agudeza mental y potencia sus dotes de observación y de comprensión empírica del mundo que le rodea. Las matemáticas no son sólo cuestión de capacidad memorística: influye, y en mayor grado, el ingenio para establecer relaciones entre elementos, entre causa y efecto. A todo ello contribuyen los juegos que se exponen en este capítulo.

CONSEJOS ÚTILES PARA JUGAR CON NÚMEROS

En principio, sirven todos los consejos que se dieron en el apartado de los juegos lingüísticos, ya que los números constituyen en sí mismos un código de lenguaje, con sus reglas y sus convenciones de uso. Aun así, los resumiremos en dos puntos fundamentales:

♦ Por una parte, provea a sus hijos del material necesario y adecuado para jugar con números. El papel y el lápiz no son siempre suficientes, especialmente cuando lo que se busca es también la diversión.

♦ Por otra, no sea rígido ni severo con los errores de sus hijos. Sobre todo, no los ridiculice si cometen demasiados fallos. Si se siente tentado de hacerlo, póngase en el lugar del niño y recuerde cómo se sentía cuando usted era recriminado o, lo que es peor, ridiculizado: éste es el mayor enemigo del aprendizaje y de la diversión.

159. ¿Cuántos faltan?

• **Preparación:** para realizar este juego es necesario disponer únicamente de muchos y variados objetos.

• **Finalidad del juego:** desarrollar la agilidad y el cálculo mental y la observación visual.

• **¿Cómo se juega?:** se trata de un juego muy sencillo que consiste en adivinar cuántos objetos han desaparecido y cuáles son. Se colocan numerosos objetos encima de la mesa (gafas, llaves, monederos, lápices, relojes, etc.) y se dan unos segundos para que los niños los observen, los cuenten y los memoricen. Se les manda darse la vuelta y se retiran varios de los objetos. Los niños deben volver a contarlos, decir cuántos creen que faltan y cuáles son. El que acierte el número y el nombre de los objetos escondidos ganará el juego.

• **Consejo:** se puede dificultar el juego colocando objetos nuevos cuando los niños se giran. De esta manera tienen que hacer un cálculo más complicado (contar los objetos que había, contar los objetos que quedan y restar a este número la cantidad de objetos nuevos colocados).

160. Tres por delante, dos por detrás

- **Preparación:** no se necesita ningún tipo de preparación.
- **Finalidad del juego:** divertirse con los números.
- **¿Cómo se juega?:** el director del juego tiene un código secreto que los niños deberán descubrir, basado en decir el número de hermanos mayores y hermanos menores que tiene un niño. De esta manera al segundo de tres hermanos le dirá: «tú tienes uno por delante y uno por detrás», al tercero de cuatro hermanos le dirá: «tú tienes dos por delante y uno por detrás», al hijo único le dirá: «tú no tienes ni por delante ni por detrás», y así a todos. Los niños, lógicamente, al principio no sabrán de qué habla, y más si el director del juego hace un poco de teatro y antes de decir la frase mira detenidamente al niño por delante y por detrás, como si estuviera hablando de algo físico o de algo que lleva puesto en ese momento. El niño que descubra el código debe unirse al director del juego sin revelar la clave. Verás cómo hay quien lo pilla enseguida y quien no lo descubre y se pone muy nervioso.

161. Adivina el número pensado

- **Preparación:** como el anterior, no requiere ningún tipo de preparación.
- **Finalidad del juego:** desarrollar el cálculo mental.
- **¿Cómo se juega?:** este juego consiste en adivinar el número que los niños están pensando. El director del juego les dice que piensen un número del 1 al 10. Cuando lo tengan pensado, que

lo multipliquen por 9. Si el resultado es un número de dos cifras, deben sumar esas cifras. Al número que resulta se le resta 5. El número que están pensando siempre es el 4. ¿Cómo lo sabe? Muy fácil. La suma de los dígitos de cualquier número multiplicado por 9 es siempre 9.

• **Ejemplo:**

$$9 \times 1 = 9$$
$$9 \times 2 = 18 \qquad 1 + 8 = 9$$
$$9 \times 3 = 27 \qquad 2 + 7 = 9$$
$$9 \times 4 = 36 \qquad 3 + 6 = 9$$
$$9 \times 5 = 45 \qquad 4 + 5 = 9$$
$$9 \times 6 = 54 \qquad 5 + 4 = 9$$
$$9 \times 7 = 63 \qquad 6 + 3 = 9$$
$$9 \times 8 = 72 \qquad 7 + 2 = 9$$
$$9 \times 9 = 81 \qquad 8 + 1 = 9$$
$$9 \times 10 = 90 \qquad 9 + 0 = 9$$

162. ¿Qué haces en Dinamarca con un elefante?

• **Preparación:** ninguna.
• **Finalidad del juego:** desarrollar el cálculo mental.
• **¿Cómo se juega?:** la primera parte de este juego es idéntica al juego anterior; pero éste tiene una segunda parte que, si sale bien, es muy divertida. Y digo «si sale bien» porque esa segunda parte no es matemática y el éxito no se puede asegurar. El director del juego les dice a los niños que piensen un número del 1 al 10 y que lo multipliquen por 9. Si el resultado es de dos cifras,

deben sumarlas y al número resultante se le resta 5. Al número que están pensando deben buscarle la letra que le corresponda.

• **Ejemplo:**

```
1 2 3 4 5 6 7 8 9
A B C D E F G H I
```

Y deben pensar rápidamente el nombre de un país que empiece por esa letra. Al número pensado se le suma 1 y se busca la letra correspondiente. Con esa letra hay que pensar rápidamente el nombre de un animal que empiece por ella. A continuación el director del juego les pregunta: «¿Qué hacéis en Dinamarca con un elefante?». Aunque no está garantizado que hayan pensado esas palabras, el 90 % de las personas escoge las palabras «Dinamarca» y «elefante». Los niños que las hayan pensado se quedarán completamente sorprendidos de que el director del juego las haya adivinado. ¿Cómo lo ha hecho? La explicación es muy sencilla. Como ya hemos visto en el juego anterior, después de las operaciones mentales el número que están pensando siempre es el 4. La letra que le corresponde al 4 es la D, y como no hay muchos países que empiecen por esa letra, la probabilidad de que piensen en Dinamarca es alta (sobre todo si deben pensar deprisa). Si le sumamos 1, el número resultante será el 5 y la letra que le corresponde es la E. Aunque hay otros animales cuyos nombres empiezan por esa letra, la mayoría de los niños piensan en el elefante. Si se realiza en grupo, el acierto está prácticamente garantizado. Y la reacción de los niños es digna de verse.

163. El número exacto

• **Preparación:** este juego requiere una preparación previa. En cartulinas de diferentes colores se deben escribir determinados números: un color estará destinado a las unidades (1, 2, 3, 4, 5, 6, 7, 8, 9); otro color, a las decenas (sólo escribiremos algunas: 10, 25, 50, 75); otro, a las centenas (sólo 100, 200, 300), y otro, a los miles (1.000). Todos estos números los escribiremos varias veces, para que puedan salir repetidos. Además hay que tener un libro cualquiera, papel, algo para escribir y un reloj.

• **Finalidad del juego:** desarrollar el cálculo mental y practicar las operaciones matemáticas.

• **¿Cómo se juega?:** las cartulinas se separan por colores, se les da la vuelta y se mezclan por grupos. A continuación se les pide a los niños que elijan cinco números que pueden pertenecer a las unidades, a las decenas, a las centenas o a los miles. El director de juego separa cinco tarjetas, abre el libro por una página al azar y gira las tarjetas. Realizando distintas operaciones matemáticas y en un tiempo limitado, los niños tienen que conseguir combinar los números de las tarjetas para obtener el número de la página. No es necesario utilizar todos los números, pero cada uno de ellos sólo se puede usar una vez. Cuando se acaba el tiempo gana quien haya conseguido el número exacto o quien se haya aproximado más a él.

• **Ejemplo:** supongamos que los números de las tarjetas son: 25, 2, 100, 7, 10, y el número de la página es el 352. Una posible combinación que obtendría el número exacto sería:

$$25 \times 10 = 250$$
$$250 + 100 = 350$$
$$350 + 2 = 352$$

En esta combinación se han utilizado el 25, el 10, el 100 y el 2. El 7 no ha sido necesario.

• **Consejo:** todas las operaciones matemáticas deben ser mentales y no se debe recurrir nunca al uso de las calculadoras.

164. Descomponer números

• **Preparación:** papel y algo para escribir.
• **Finalidad del juego:** desarrollar el cálculo mental de una manera amena.
• **¿Cómo se juega?:** este juego es muy parecido al anterior pero a la inversa. Se trata de descomponer un número mediante la mayor cantidad de operaciones matemáticas posibles. El director del juego dice un número al azar y en un tiempo limitado los niños deberán descomponer ese número haciendo gran cantidad de operaciones y utilizando la mayor variedad de ellas.
• **Ejemplo:** el director del juego dice el número 480.

Niño 1: $100 \times 4 + 80 = 480$
Niño 2: $(100 \times 4) + (8 \times 10) = 480$
Niño 3: $(25 \times 4) \times 4 + 10 + 10 + (40 \times 2 - 20) = 480$

El ganador sería el tercer niño, puesto que ha realizado el mayor número de operaciones matemáticas y la mayor variedad de ellas (ha incluido sumas, multiplicaciones y restas).

165. Se ha colado uno

• **Preparación:** este juego requiere una preparación especial por parte del director del juego, ya que debe preparar unas series numéricas que incluyan un número extraño que no tenga ninguna relación con los demás.

• **Finalidad del juego:** desarrollar la capacidad de atención del niño y la agilidad en el cálculo mental.

• **¿Cómo se juega?:** el director del juego debe facilitar a los niños unas series numéricas compuestas por cifras que tengan algún tipo de relación (que sean múltiplos de un número determinado, que la suma de sus cifras sea siempre un número concreto, etc.). En esas series se habrá colado un número que no tenga nada que ver con el resto de números. Los niños deben descubrir cuál es el número infiltrado y por qué no pertenece a esa serie.

• **Ejemplo:**

A) 15, 40, 25, 32, 10
B) 91, 55, 47, 64, 82

En la serie A el número que no corresponde es el 32. Todos los demás son múltiplos de 5. En la serie B el número que se ha colado es el 47 ya que en todos los demás la suma de las dos cifras da como resultado 10 ($9 + 1 = 10, 5 + 5 = 10, 6 + 4 = 10, 8 + 2 = 10$).

166. Mensajes numéricos

• **Preparación:** los niños deben tener papel, algo para escribir y el código secreto utilizado.

• **Finalidad del juego:** divertirse y familiarizarse con los números.

• **¿Cómo se juega?:** se organizan dos grupos diferentes a los que el director del juego les facilita un código particular con el que han de crear y descifrar los mensajes secretos. El código es una relación entre números y letras, de manera que a cada letra del alfabeto le corresponda un número determinado.

A	B	C	CH	D	E	F	G	H	I	J	K	L	LL
1	2	3	4	5	6	7	8	9	10	11	12	13	14

M	N	Ñ	O	P	Q	R	S	T	U	V	W	X	Y	Z
15	16	17	18	19	20	21	22	23	24	25	26	27	28	29

Los mensajes serían del tipo:

6-13   1-8-24-1   5-6   13-1   19-10-22-3-10-16-1   6-22-23-1
15-24-28   7-21-10-1
  «El agua de la piscina está muy fría»

13-1-22   15-1-23-6-15-1-23-10-3-1-22   19-24-6-5-6-16   22-6-
21   15-24-28
5-10-25-6-21-23-10-5-1-22
  «Las matemáticas pueden ser muy divertidas»

3-1-21-13-18-22   6-22   6-13   15-1-22   8-24-1-19-18   5-6
13-1   3-13-1-22-6
  «Carlos es el más guapo de la clase»

167. Coloca los números

• **Preparación:** se necesita una hoja de papel en la que se dibujarán ocho cuadrados colocados de la siguiente manera:

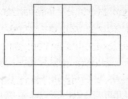

• **Finalidad del juego:** divertirse y familiarizarse con los números.

• **¿Cómo se juega?:** este sencillo juego consiste en colocar los números 1, 2, 3, 4, 5, 6, 7 y 8 en los cuadrados dibujados, pero de manera que no pueden estar tocando ni al número inmediatamente anterior ni al inmediatamente posterior.

• **Ejemplo:** la siguiente colocación no sería válida puesto que el 6 y el 7 se están tocando, y el 7 y el 8 también.

	1	4	
5	7	6	2
	3	8	

La combinación correcta sería ésta:

	3	5	
7	1	8	2
	4	6	

168. Tu cumpleaños es el 5 de marzo

• **Preparación:** papel y lápiz para hacer las operaciones matemáticas más complicadas.

• **Finalidad del juego:** desarrollar el cálculo mental y practicar operaciones matemáticas rápidas, además de impresionar a los amigos.

• **¿Cómo se juega?:** el director del juego le dice al niño que multiplique por 2 el día de su cumpleaños. Al resultado que se obtiene se le suma 5. El número que resulta se multiplica por 50. A la nueva cantidad se le suma el número correspondiente al mes del nacimiento. El niño debe decir en voz alta el número final. El director del juego siempre deberá restarle a esa cifra 250 y la cantidad resultante revelará el día y el mes del nacimiento del niño.

• **Ejemplo:** el cumpleaños es el 5 de marzo.

$$5 \times 2 = 10$$
$$10 + 5 = 15$$
$$15 \times 50 = 750$$

$$750 + 3 \text{ (marzo)} = 753$$

Esta cantidad es la que dice el niño en voz alta. El director del juego restará siempre 250.

$$753 - 250 = 503 \text{ (el 5 del 3)}.$$

El cumpleaños es el 5 de marzo.

169. Telepatía numérica

• **Preparación:** papel y lápiz para realizar las operaciones un poco más complicadas.

• **Finalidad del juego:** desarrollar el cálculo mental.

• **¿Cómo se juega?:** este juego, muy parecido al anterior, consiste en adivinar cualquier número pensado de dos cifras. El director del juego le dice al niño que piense un número de dos cifras y que lo multiplique por 2. Al resultado debe añadirle 5 y después multiplicarlo todo por 5. A la cantidad obtenida tiene que sumarle 10 y multiplicarla luego por 10. El niño dirá en voz alta el total de estas operaciones. El director del juego debe restar siempre 350 a ese número. Del total obtenido se descartan siempre las dos cifras de la derecha y las otras dos coincidirán con el número pensado.

• **Ejemplo:** el número pensado es el 25.

$$25 \times 2 = 50$$
$$50 + 5 = 55$$
$$55 \times 5 = 275$$
$$275 + 10 = 285$$
$$285 \times 10 = 2.850$$

$$2.850 - 350 = 2.500$$

Se eliminan las dos cifras de la derecha y se obtiene el 25.

170. El número pensado es el 6

• **Preparación:** papel y lápiz para hacer las operaciones largas.
• **Finalidad del juego:** desarrollar el cálculo mental.
• **¿Cómo se juega?:** el director del juego le dice al niño que piense un número del 1 al 9 y que lo multiplique por 3. Al resultado le suma 1 y lo vuelve a multiplicar por 3. Al total le vuelve a sumar el número pensado y dice en voz alta el número final. El número pensado coincidirá con la primera cifra de ese número.
• **Ejemplo:** supongamos que el número pensado es el 6.

$$6 \times 3 = 18$$
$$18 + 1 = 19$$
$$19 \times 3 = 57$$
$$57 + 6 = 63$$

El número pensado coincide con la primera cifra del número final.

171. La suma misteriosa

• **Preparación:** papel y algo para escribir.
• **Finalidad del juego:** desarrollar el cálculo mental.
• **¿Cómo se juega?:** este juego es para niños un poco mayorcitos que dominen las operaciones matemáticas de la suma y la resta, ya que no es fácil. En una hoja de papel el director del juego escribe la siguiente suma:

D O N A L D

+ G E R A L D
_____

R O B E R T

El juego consiste en adivinar los números que corresponden a las letras que aparecen en la suma mediante operaciones lógicas. Una misma letra siempre tendrá el mismo valor numérico. La única pista que se da es que D = 5. Pero siguiendo esta pista y a través de deducciones se puede descubrir toda la suma.

El resultado definitivo es el siguiente:

G = 1
O = 2
B = 3
A = 4   5 2 6 4 8 5
D = 5
N = 6   +   1 9 7 4 8 5
R = 7   _____
L = 8   7 2 3 9 7 0
E = 9
T = 0

• **Consejo:** para hacer las deducciones correctas hay que tener en cuenta las que nos llevamos. Por ejemplo, si sabemos que D = 5 enseguida deduciremos que T = 0, pero hay que pensar que en la suma siguiente nos llevamos 1.

172. El número odiado

• **Preparación:** sólo se necesita papel y algo para escribir.

• **Finalidad del juego:** practicar la multiplicación.

• **¿Cómo se juega?:** el director del juego escribe en un papel todas las cifras del 1 al 9 excepto el 8 y le pregunta a algún niño cuál es el número que más odia del 1 al 9, al que tiene más manía. (Si alguien observa que falta el 8, el director dice que ése es precisamente el número que más odia él.) El niño dice la cifra «odiada» y el director apunta debajo de la serie que ha escrito antes un número de dos cifras (que se obtiene de multiplicar ese número por 9). A continuación se le pide al niño que multiplique ambos números. El resultado sorprenderá a todos puesto que siempre sale el número odiado.

• **Ejemplo:** el número odiado es el 3.

```
    1 2 3 4 5 6 7 9
            x  2 7   (3 x 9 = 27)
    ────────────────
      8 6 4 1 9 7 5 3
    2 4 6 9 1 3 5 8
    ────────────────
    3 3 3 3 3 3 3 3 3
```

173. Elige y tacha

• **Preparación:** sólo papel y algo para escribir.

• **Finalidad del juego:** divertirse con los números.

• **¿Cómo se juega?:** el director del juego dibuja un cuadrado que contenga cuatro filas y cuatro columnas, de manera que aparezcan dieciséis casillas. En cada una de esas casillas escribirá los números del 1 al 16 por orden de menor a mayor. El director le pide a uno de los niños que marque con un círculo un número cualquiera y que tache todos los números que estén en la misma fila y la misma columna que dicho número. Debe repetir la operación cuatro veces hasta que tenga marcados con un círculo cuatro números distintos. Se le pide entonces que sume todos los números y el director del juego deberá adivinar el total obtenido. Éste siempre será 34 por lo que el éxito del juego está garantizado. Se aconseja no repetirlo para que no descubran que siempre sale la misma cifra.

• **Ejemplo:**

$$16 + 9 + 6 + 3 = 34$$

174. ¡Un dieciocho como un bizcocho!

• **Preparación:** papel y algo para escribir.
• **Finalidad del juego:** practicar la resta.
• **¿Cómo se juega?:** sin que nadie lo vea el director del juego escribe en un papel una predicción, siempre relacionada con el número dieciocho («un dieciocho como un bizcocho»), y lo reserva para comprobar luego si su predicción se cumple. Le pide a un niño que escriba en una hoja un número de tres cifras que no sea capicúa y que debajo apunte el mismo número pero invertido. Deberá restar el menor del mayor y sumar todos los dígitos del resultado obtenido. Se puede comprobar entonces que la predicción se ha cumplido ¡porque el resultado siempre es 18!
• **Ejemplo:**

$$
\begin{array}{r}
6\,2\,3 \\
-\,3\,2\,6 \\
\hline
2\,9\,7
\end{array}
\qquad 2+9+7=18
$$

175. Dime tu número de teléfono y te diré tu edad

• **Preparación:** sólo se necesita papel y algo para escribir.
• **Finalidad del juego:** practicar operaciones de suma y resta.
• **¿Cómo se juega?:** el director del juego demostrará que puede adivinar la edad de los participantes a través de sus números de

teléfono. Uno de los niños escribirá en una hoja de papel las cuatro últimas cifras de su número de teléfono sin que lo vea el director del juego. Debajo apuntará esos mismos números pero de manera desordenada, en el orden que él quiera. Debe restar entonces esas dos cantidades y sumar los números del resultado hasta que sólo quede un dígito. Cuando lo haya obtenido deberá sumarle el número de días de la semana, es decir, 7. A ese número deberá sumarle las dos últimas cifras del año de su nacimiento y decir el número final en voz alta. Tras un cálculo mental el director del juego adivinará los años del niño. ¿Cómo lo ha hecho? Muy fácil. Independientemente de las cuatro cifras elegidas, el resultado final siempre será 9. Si le suma el 7, la suma siempre será 16. El niño sumará 16 al año de su nacimiento y el resultado es el que dirá en voz alta. El director del juego sólo tendrá que restar 16 a esa cifra y le saldrá el año de nacimiento. Ese año se resta del año actual y obtendrá la edad.

• **Ejemplo:** supongamos que el número de teléfono es el 3725512 y el año de nacimiento, el 1990.

a)
$$5\ 5\ 1\ 2$$
$$-\ 2\ 5\ 5\ 1$$
$$\overline{}$$
$$2\ 9\ 6\ 1$$

b) $2 + 9 + 6 + 1 = 18$
c) $1 + 8 = 9$
d) $9 + 7 = 16$
e) $16 + 90 = 106$ (éste es el número que el niño dirá en voz alta)
f) El director del juego deberá restarle siempre 16 ($106 - 16 = 90$) y obtendrá el año de nacimiento: 1990. Se resta del año actual y se deducen los años que tiene el niño.

IX. JUGAR CON EL CUERPO
Y CON LA CARA

Ajenos a la convención social del miedo al ridículo, los pequeños encuentran gran placer y entretenimiento en los juegos puramente gestuales. En ese período de la infancia utilizan sus cuerpos y sus rostros sin ningún tipo de pudor, entregados a actividades
lúdicas que no sólo resultan enormemente divertidas, sino que
también enseñan al niño algunos aspectos esenciales en su desarrollo: la gestualidad, la mímica, el tacto, la imaginación, la comunicación no verbal, etc. Se trata en definitiva de una serie de fac-
tores que, debido a las convenciones sociales, quedan un tanto
difuminados durante el período adulto, pero que resultan esenciales para el equilibrio físico y anímico.

EL DOMINIO DEL CUERPO

Durante las últimas décadas se está prestando mayor atención al
papel que desempeña la comunicación no verbal en las relaciones sociales y profesionales. Por ello es muy importante que el
niño aprenda a conocer y dominar todos los resortes de su cuer-

po, en un proceso de aprendizaje lúdico que combina la expresión corporal y la diversión.

A diferencia de los juegos de exterior, en los que predomina la actividad puramente física, los juegos de interior favorecen un aprendizaje más controlado y mesurado de las posibilidades del cuerpo. No nos estamos refiriendo a ejercicios gimnásticos de interior, ya que su carácter monótono y reiterativo puede cansar o aburrir a los pequeños. Los juegos propuestos en este apartado se basan fundamentalmente en la búsqueda de la diversión. Pero, al mismo tiempo, fomentan algunos aspectos esenciales para el desarrollo psicomotriz del niño, como la flexibilidad, la coordinación de movimientos o el conocimiento de las distintas partes del cuerpo.

LA GESTUALIDAD

Como reza el dicho popular, la cara es el espejo del alma. También es innegable que una persona puede comunicar más con un simple gesto o una mirada que con un discurso o una parrafada. Por ello resulta fundamental que el niño aprenda a controlar tanto los gestos faciales como los corporales. Y no hablamos de «controlar» como medio de fomentar la inexpresividad, sino de dominar todos los recursos de la gestualidad.

Algunos de los juegos que se presentan a continuación permiten que el niño pierda sus temores al ridículo y la vergüenza, actitudes que en el futuro pueden resultar muy negativas en sus relaciones sociales o profesionales. Así pues, estas actividades pueden ser muy útiles para niños con tendencia a la timidez o la introversión.

Cuando un niño hace gañotas y gestos estrambóticos ante un espejo o ante sus compañeros de juego, no sólo está perdiendo su miedo a expresarse tal como es: también se está afirmando como persona, por lo que resulta muy importante que los adultos no coarten su libertad de jugar con el cuerpo y con el rostro.

VENTAJAS DEL JUEGO CORPORAL Y FACIAL

♦ Gracias a estos juegos, el niño aprende las posibilidades de su cuerpo y su cara como instrumentos de comunicación. El lenguaje no verbal es uno de los aspectos que más le ayudarán en su futuro social y profesional.

♦ La mímica y la gestualidad aplicadas al juego no son sólo realmente divertidas: también fomentan las relaciones entre los miembros del grupo y ayudan a que el niño pierda sus miedos a comportarse y actuar tal como es.

♦ Aunque no es conveniente que los adultos coarten la libertad de los pequeños, es aconsejable que les marquen algunas pautas sobre el comportamiento en sociedad: una excesiva gestualidad, aunque en principio resulte divertida, puede acabar siendo una muestra de mala educación.

---

176. A ver quién se pone más feo

• **Preparación:** únicamente se necesita un espejo.
• **Finalidad del juego:** ejercitar los músculos faciales y la expresividad. Ideal tanto para niños con un tono muscular bajo como para niños tímidos con un acusado sentido del ridículo.
• **¿Cómo se juega?:** es un juego muy sencillo que consiste en situarse delante de un espejo y poner las carotas más feas que podamos. Para ello habrá que gesticular y transformarse en pequeños monstruos. Cuanto más exageradas sean las muecas, más divertido será.

177. ¡Estoy muy contento!

• **Preparación:** como en el juego anterior sólo se necesita un espejo.
• **Finalidad del juego:** desarrollar la expresividad corporal y facial.
• **¿Cómo se juega?:** es un juego muy parecido al anterior, pero esta vez en lugar de caras feas vamos a representar estados de ánimo. Para ello podemos utilizar todo el cuerpo. El director del juego dice frases del tipo: «Estoy muy contento», «Estoy muy cansado», «Estoy muy sorprendido», «Estoy muy enfadado», etc., y los niños deben representar esos estados de ánimo mediante la expresión facial y corporal.

• **Consejo:** este juego es muy aconsejable para niños tímidos o retraídos con problemas de comunicación. Este tipo de ejercicios le relajarán y destensarán, lo que favorecerá la relación interpersonal con el resto de niños.

178. ¿Cómo se titula la película?

• **Preparación:** ninguna.

• **Finalidad del juego:** desarrollar la expresividad corporal.

• **¿Cómo se juega?:** un niño piensa el título de una película y tiene que representarlo mediante mímica al resto del grupo, que deberá adivinar de qué filme se trata. Se puede representar el título global o algunas palabras concretas que formen parte de ese título. En este segundo caso el niño debe indicar con los dedos el número de palabras que lo componen y señalar las que va a interpretar: la segunda y la cuarta, por ejemplo. (Hay que tener en cuenta que artículos y preposiciones son difíciles de escenificar.) El primero que adivine el título de la película gana el juego y se encarga de pensar un nuevo título.

• **Ejemplo:** la película *E.T.* se puede escenificar de manera global imitando al extraterrestre con su pose típica con el dedo señalando hacia arriba. En cambio, en la película *Coge el dinero y corre* se pueden elegir la primera, la tercera y la quinta palabra y representarlas lo mejor que se pueda.

179. ¿Quién es el jefe?

• **Preparación:** no se necesita ningún tipo de preparación.
• **Finalidad del juego:** desarrollar la capacidad de observación.
• **¿Cómo se juega?:** uno de los niños sale de la habitación. El resto del grupo debe elegir a un jefe que será quien marque la pauta. Se ponen todos de pie y se van moviendo por la sala. El niño que ha salido de la habitación vuelve a entrar y debe adivinar quién es el jefe. El «jefe» hará un gesto que todos los demás deberán repetir: por ejemplo, levantar los brazos y mover las manos, o girar la cabeza hacia delante y hacia atrás. Cada quince segundos aproximadamente, el jefe cambiará de gesto. Los demás niños deben estar pendientes del jefe para imitarle cuando cambie de gesto, pero al mismo tiempo tienen que ser lo bastante disimulados como para no revelar con las miradas cuál de ellos es. Adivinar quién es el jefe del grupo requerirá una buena observación.

180. En cadena

• **Preparación:** no se necesita preparación.
• **Finalidad del juego:** desarrollar la gestualidad y la expresividad.
• **¿Cómo se juega?:** se hace salir de la habitación a cuatro o cinco niños. El resto del grupo decide un personaje famoso que uno de ellos se encargará de representar. Se manda entrar a uno de los niños y se le presenta al personaje mediante mímica. Sin decir ningún nombre, este segundo niño debe representar a ese mismo personaje ante otro de los niños que había salido. Así sucesivamente hasta que entra el último niño. Éste debe adivi-

nar de qué personaje se trata. En el caso de que no lo acierte, se le preguntará al anterior. Si éste tampoco lo adivina, se le pregunta al inmediatamente anterior, etc. Si el primer niño no ha adivinado el personaje, es muy difícil que el último niño de la cadena pueda saber quién es, porque la imitación perderá mucha fuerza.

• **Variación:** en lugar de representar personajes famosos se pueden imitar oficios, animales, deportes, etc.

181. El hombre del saco

• **Preparación:** se necesitan un saco o bolsa grande y muchos y variados objetos (un mechero, un metro, unas tijeras, un libro, un peine, una espumadera, un pintalabios, una funda de gafas, etc.).
• **Finalidad del juego:** ejercitar el tacto y la gestualidad.
• **¿Cómo se juega?:** el director del juego pone en el saco todos los objetos sin que los niños los vean. Uno de los niños debe meter la mano en el saco y tocar uno de los objetos. Sin mirar deberá adivinar qué es y mediante mímica explicárselo a sus compañeros. Cuando alguno de los niños lo adivine, se deberá sacar el objeto del saco para comprobar que la respuesta es correcta. El niño que lo haya adivinado se encargará de sacar el siguiente objeto.
• **Consejo:** si los niños son mayorcitos es preferible poner en el saco objetos poco familiares que les cueste identificar y representar. De esta manera se divertirán mucho más.

182. Mano azul, pie rojo

• **Preparación:** no se necesita preparación especial.

• **Finalidad del juego:** desarrollar la movilidad corporal y favorecer la distensión del grupo.

• **¿Cómo se juega?:** el director del juego nombra una parte del cuerpo y un color, y los niños deben tocar con esa parte nombrada algún objeto de ese color que lleve uno de sus compañeros. Por ejemplo, si dice «mano azul», pueden tocar con la mano la camisa azul de su amigo. Pero el director puede complicar el juego cuando nombra, por ejemplo, dos partes del cuerpo y dos colores diferentes y dice «mano azul, pie rojo», o cuando nombra partes del cuerpo poco utilizadas para tocar o coger cosas, como por ejemplo la nariz, la oreja o las cejas.

183. El espejo

• **Preparación:** no se necesita ninguna preparación.

• **Finalidad del juego:** desarrollar el control corporal.

• **¿Cómo se juega?:** los niños se colocan por parejas, de pie uno enfrente del otro, imaginando que entre ellos hay un espejo y que uno de ellos es el reflejo de su compañero. Uno de los niños empieza a moverse, preferiblemente con movimientos lentos y suaves para que el otro le pueda seguir sin demasiada dificultad. Poco a poco podrá ir complicando los movimientos y añadir expresiones faciales divertidas o extravagantes. El niño que hace de reflejo sólo se puede reír cuando lo haga el otro niño, y aguantar la risa en estas situaciones es quizá lo más complicado del juego.

• **Consejo:** los roles de uno y otro niño deben ir variando para que no se cansen.

184. Esto es tu nariz

• **Preparación:** no se necesita preparación.
• **Finalidad del juego:** desarrollar la atención.
• **¿Cómo se juega?:** los niños se sientan en el suelo formando un círculo. Uno de los niños empieza tocando una parte del cuerpo de su compañero de la derecha y nombrando otra. Por ejemplo, le toca la oreja y dice: «esto es tu nariz». Este segundo niño debe tocarse la parte nombrada, en este caso la nariz, y decir la parte tocada: «esto es mi oreja». Se girará hacia el niño de su derecha y repetirá la misma operación con otras partes del cuerpo. La gracia del juego está en no nombrar correctamente la parte tocada. Pero es más difícil de lo que parece y las equivocaciones son muy frecuentes. El niño que se equivoque pagará una prenda que dejará en medio del círculo. Cuando se hayan juntado varias prendas, se decidirá qué pruebas deben superar para recuperarlas: por ejemplo, que canten una canción, que cuenten un chiste divertido o que se cambien de peinado.

185. ¿Quién se ha ido?

• **Preparación:** sólo se necesita un pañuelo para vendar los ojos.
• **Finalidad del juego:** desarrollar el sentido del tacto.
• **¿Cómo se juega?:** a uno de los niños se le tapan los ojos con el pañuelo para evitar que pueda ver. Los demás jugadores se colocan delante de él en fila. El niño que tiene los ojos vendados los deberá tocar para identificarles, pero sin nombrarlos. Cuando los haya palpado a todos, uno de ellos saldrá de la fila y los otros

cambiarán de lugar. El niño del pañuelo deberá adivinar quién ha abandonado el grupo e identificar al resto de compañeros.

• **Consejo:** para hacer más difícil y divertido el juego, vale inter-cambiarse cualquier objeto (gafas, collares, pañuelos, gorros, dia-demas, etc.) o ropa (jerséis, chalecos, camisas, etc.), así como variar el peinado.

186. Hombro-oreja

• **Preparación:** no se necesita preparación.
• **Finalidad del juego:** desarrollar el control corporal.
• **¿Cómo se juega?:** para realizar este divertido juego, los niños deben colocarse por parejas. El director del juego nombrará dos partes del cuerpo, por ejemplo «hombro-oreja», y uno de los niños tocará con su oreja el hombro de su compañero y deberán per-manecer en esa posición hasta que el director del juego diga otras dos partes del cuerpo. Las combinaciones pueden ser de lo más complicadas: «nariz-culo», «frente-pie», «barbilla-codo», «cabe-za-espalda», etc., y las contorsiones que tendrán que hacer los niños para juntar esas partes garantizan la diversión.

187. Mensaje en relieve

• **Preparación:** se necesitan hojas de papel, plastelina y un pañue-lo para vendar los ojos.
• **Finalidad del juego:** ejercitar el sentido del tacto.

• **¿Cómo se juega?:** se sientan todos los niños en el suelo formando un círculo y uno de ellos se coloca en el centro con los ojos vendados. Sus compañeros le pasan un mensaje que habrán escrito en una hoja de papel, dibujando las letras con la plastelina de manera que éstas tengan un relieve que se pueda identificar a través del tacto. Los mensajes harán referencia a ellos mismos, para que el niño que tiene los ojos tapados deba también identificarles mediante el tacto: «dale el mensaje a Silvia», «sienta a Paula al lado de Guille», «coge el reloj de Víctor y pónselo a Dani»...

188. Congelados

• **Preparación:** ninguna.
• **Finalidad del juego:** desarrollar el control corporal.
• **¿Cómo se juega?:** para que este juego sea más divertido conviene disponer de bastante tiempo. Entre los niños tiene que haber un código secreto formado por dos palabras, por ejemplo «clin-clan». La primera se usa para «congelar» y la segunda, para «descongelar» a los compañeros. Cada vez que uno de los niños diga «clin» todos los demás deberán quedarse quietos en la posición que tengan en ese momento. Deberán permanecer así hasta que el mismo niño diga «clan» y puedan volver a moverse con libertad. Si uno se mueve antes de tiempo queda eliminado. La gracia del juego consiste en no saber cuándo te van a congelar, y lo más divertido es sorprender a los compañeros cuando menos se lo esperen. Si en ese momento hay personas presentes que no saben de qué va el juego, éste será todavía más divertido. Por ejemplo, puedes congelar a tus compañeros en la cola del cine, o mientras están comiendo con sus padres, o congelarles por teléfono.

• **Consejo:** es importante que los niños no estén congelados mucho tiempo, sobre todo si en ese momento estaban haciendo alguna actividad concreta como comer o beber.

189. Historia escenificada

• **Preparación:** conviene que el director del juego tenga delante el libro o el programa escolar de la asignatura de historia.

• **Finalidad del juego:** reforzar los conocimientos aprendidos mediante la mímica.

• **¿Cómo se juega?:** varios niños deben representar mediante mímica alguna escena o algún momento histórico que hayan estudiado, y los demás han de adivinar de qué se trata. De esta manera además de divertirse repasarán los conocimientos adquiridos, lo que les ayudará a retenerlos mejor. El director del juego elige algún pasaje importante del libro de texto que ellos utilicen habitualmente y se lo enseña. Los niños pueden leerse el capítulo para repasar todos los detalles y organizar la historia que representarán delante de los compañeros. Éstos deberán adivinar qué personajes famosos intervienen en la historia y situarla en una época determinada.

• **Ejemplo:** se puede representar el descubrimiento de América, el asesinato de García Lorca, el estallido de la Segunda Guerra Mundial, etc.

190. El telegrama

- **Preparación:** no se necesita ninguna preparación.
- **Finalidad del juego:** desarrollar las dotes de observación.
- **¿Cómo se juega?:** todos los niños, cogidos de la mano, se sientan en el suelo formando un círculo. En medio de ese círculo se sitúa uno de los niños que deberá estar muy atento a los movimientos de las manos de sus compañeros. Uno de los niños dice: «le paso un telegrama a...», y nombra a uno de los compañeros que tenga más lejos. El telegrama en cuestión lo pasará apretando una de las manos. El jugador que recibe el apretón deberá pasarlo, a su vez, a su compañero y así hasta que el telegrama le llegue a su destinatario. El jugador que está en el medio debe observar y descubrir por dónde circula el telegrama. Si intercepta el mensaje, el jugador que lo pasaba en ese momento ocupará la posición central y se volverá a empezar. Si por el contrario no descubre el telegrama, el destinatario deberá decir «recibido» cuando el mensaje llegue a sus manos (y nunca mejor dicho).

191. Busca tu pareja

- **Preparación:** sólo se necesita disponer de una sala amplia y despejada.
- **Finalidad del juego:** favorecer la conciencia de grupo y la comunicación corporal.
- **¿Cómo se juega?:** todos los niños se reparten por la sala con los ojos cerrados y empiezan a dar vueltas por ella, guardando absoluto silencio. Cuando el director del juego dé la señal, los parti-

cipantes deberán ir al encuentro de sus compañeros. Cuando un niño tope con otro se cogerán de la mano y continuarán el recorrido en pareja, buscando a una tercera persona. Pero cuando uno de ellos la encuentre deberá soltar a su pareja y darle la mano al nuevo compañero. En el momento en que el director del juego vuelva a dar una señal, todos se pararán y por turnos deberán decirle al oído (para evitar que se reconozcan por las voces) el nombre de la persona que creen que les está dando la mano. Aquella pareja en la que sus dos miembros acierten será la ganadora.

• **Consejo:** dado que todos los participantes llevan los ojos cerrados, es importante que el director del juego esté atento a sus movimientos para evitar posibles encontronazos.

192. Dime cómo andas y te diré cómo eres

• **Preparación:** cada uno de los niños debe llevar un papel con los nombres de sus compañeros apuntados y algo para escribir.
• **Finalidad del juego:** desarrollar la comunicación no verbal.
• **¿Cómo se juega?:** el director del juego dice al oído de cada jugador un sentimiento o actitud que el niño deberá transmitir a sus compañeros mediante sus gestos y movimientos (enfado, alegría, agresividad, ternura, etc.). Cuando todos los niños tengan uno asignado, empezarán a caminar por la sala en silencio, con una actitud corporal y facial que revele el sentimiento o actitud que ellos representan. De vez en cuando pueden darse la mano para intentar comunicar mediante el tacto su estado de ánimo. A medida que los niños vayan descubriendo los roles de sus com-

pañeros los irán anotando en la hoja. En este juego habrá dos ganadores: por un lado el niño que primero complete correctamente la lista (será el mejor receptor del grupo), y por otro el niño que mejor haya expresado su estado de ánimo (el mejor emisor).

193. El caparazón de la tortuga

• **Preparación:** se necesitan una sábana o una toalla grande y preparar un pequeño circuito casero.

• **Finalidad del juego:** conseguir una perfecta coordinación de movimientos dentro del grupo mediante la comunicación.

• **¿Cómo se juega?:** se forman grupos de seis o siete personas, cada uno de los cuales representará una tortuga. Los miembros de cada grupo se colocan a cuatro patas debajo de un caparazón (la sábana o la toalla) que les impida parcialmente la visibilidad. Uno de ellos será la cabeza de la tortuga y por tanto el único que pueda orientar a sus compañeros en sus movimientos. En esa posición, la tortuga intentará realizar un recorrido (pasando debajo de una mesa, subiendo un banco, rodeando una silla, etc.) en el menor tiempo posible y evitando que caiga el caparazón. El grupo que llegue al final en menos tiempo será el ganador. Hay que tener en cuenta que cada caída del caparazón se penalizará con medio minuto.

194. La caja sorpresa

• **Preparación:** ninguna.

• **Finalidad del juego:** estimular la imaginación y la capacidad gestual.

• **¿Cómo se juega?:** todos los participantes se reparten por la sala, se colocan en cuclillas y se tapan con los brazos la cabeza metiendo la cara entre las piernas. El director del juego marcará la pauta y dirá una frase del tipo: «Se abre la caja y salen... aviones». Entonces todos los niños se incorporarán e imitarán el objeto o el animal mencionado. Cuando diga: «Se cierra la caja» todos volverán a la posición inicial. Se vuelve a abrir la caja y salen payasos, perros, serpientes, coches, olas del mar, plantas...

• **Consejo:** es preferible realizar este ejercicio con una música clásica de fondo ya que la música siempre favorece la concentración y el movimiento.

195. La estrella

• **Preparación:** no se necesita preparación, tan sólo disponer de suficiente espacio.

• **Finalidad del juego:** potenciar la confianza en los demás.

• **¿Cómo se juega?:** todos los niños cogidos de las manos, con los brazos estirados y con las piernas ligeramente separadas, se colocan formando un círculo. Los participantes se numeran de manera alterna con el 1 o con el 2 (1,2,1,2,1,2,1,2). Cuando el director del juego dé la señal, los niños que tengan el número 1 tendrán que dejarse caer hacia delante sin mover los pies y los que tengan el número 2, hacia atrás, muy lentamente, hasta conseguir el punto de equilibrio perfecto. Cuando hayan dibujado la estrella con sus cuerpos, pueden cambiar las posiciones: los 1 irán hacia atrás y los 2, hacia delante. El equilibrio individual será determinante para lograr el equilibrio global que se pretende.

X. EN LA COCINA

Cuando ya no sepa con qué entretener a sus hijos, hay una solución infalible para divertirlos: «¡Todos a la cocina!». El área de juegos de una vivienda no se limita a la sala de estar o al cuarto de los niños. En la cocina encontrarán también una variadísima gama de juegos que conjugan la diversión con la creatividad. Se suele decir que con la comida no se juega; sin embargo, hay muchas formas de divertirse en la cocina. Como veremos a lo largo de este apartado, algunos alimentos son excelentes materiales para el juego manual y plástico.

JUGAR Y APRENDER

Como todas las actividades manuales, los juegos en la cocina estimulan la creatividad, la imaginación y la fantasía de los niños. Dejar solos a varios niños en la cocina puede resultar muy divertido para los pequeños, pero también será una experiencia desastrosa para los padres, que después deberán limpiar los desaguisados infantiles. Sin embargo, bajo la supervisión y dirección de un adulto, los juegos culinarios pueden resultar muy educativos para los niños.

Así, por ejemplo, los pequeños pueden preparar sus propios platos siguiendo la manera de hacer de sus mayores, pero introduciendo su visión más personal e imaginativa. De este modo se inician en la cultura gastronómica gracias al conocimiento de las texturas, los sabores y los aromas de los distintos ingredientes. Por otra parte, los alimentos no sólo sirven para cocinar: también pueden ser utilizados como materiales para realizar juegos manuales muy creativos, como figuras o collages. Asimismo, es muy conveniente que los niños ayuden a los mayores en tareas culinarias que puedan resultar útiles y divertidas a la vez.

CONSEJOS A LA HORA DE JUGAR EN LA COCINA

♦ Los juegos de los niños no deben coincidir con el horario de preparación de las comidas. Hay muchos momentos del día en los que la cocina está desocupada y puede servir de marco a los juegos culinarios.

♦ Uno de los temas que más preocupan a los mayores es que los niños puedan ensuciar demasiado. Sin embargo, resulta algo inevitable en la mayoría de los casos. Por ello es preciso que eduque a sus hijos en la necesidad de limpiar después de jugar y dejarlo todo como estaba al principio.

♦ Hay alimentos muy baratos que los pequeños pueden utilizar en sus juegos: los más corrientes son las patatas, las legumbres y los granos de arroz o de café.

♦ Procure que los materiales utilizados por los pequeños no sean cortantes: tenga especial precaución con los cuchillos, las tijeras y, muy especialmente, con el fuego; también con algunos productos que hay en todas las cocinas y a los que los niños no deben tener acceso.

196. El menú del día

• **Preparación:** se necesitan un trozo de cartulina, tijeras, una regla y rotuladores.

• **Finalidad de la actividad:** concienciar al niño de la importancia de preparar un menú equilibrado y hacerle partícipe de algo tan importante, y a veces poco valorado, como es la preparación de la comida.

• **¿Cómo se hace?:** con ayuda de la regla se recorta un trozo de cartulina de quince por veinte centímetros aproximadamente. En el borde exterior de la cartulina se dibuja una cenefa con los rotuladores que enmarcará el menú. El niño tiene que inventarse el nombre del restaurante y escribir dos opciones para el primer plato, dos opciones para el segundo y dos o tres opciones para el postre. Es importante que consulte esas opciones con la persona encargada de hacer la comida, para ver si están disponibles todos los ingredientes necesarios para poder realizarlas (recordemos que el niño no hace la comida, tan sólo se encarga de preparar el menú). Asimismo conviene tener el menú preparado unas horas antes del momento de la comida para poder cocinar todos los platos. Una vez hecho, el menú se enseñará a los miembros de la familia para que elijan aquello que quieren comer. Los platos que no sean elegidos se guardarán para la cena. El niño, que hará las funciones de camarero, tomará nota de los platos escogidos y los preparará y servirá él mismo (siempre que se puedan calentar en el microondas y no tenga que tocar los fogones para nada).

• **Ejemplo:**

RESTAURANTE LOS PÉREZ

Primer plato
sopa de fideos
ensalada de atún con salsa rosa

Segundo plato
redondo de ternera con puré de patatas
canelones rellenos de salmón con bechamel

Postre
fruta variada
yogur natural
tarta de queso

197. Con la comida... sí se juega

• **Preparación:** dependiendo del plato que vayamos a preparar se necesitarán unos u otros ingredientes y utensilios de cocina.

• **Finalidad de la actividad:** familiarizar al niño con la preparación de alimentos.

• **¿Cómo se hace?:** la cocina puede ser un lugar muy divertido que no tiene por qué asociarse con obligaciones caseras pesadas o aburridas. Desde que son pequeños podemos acostumbrar a nuestros hijos a que nos ayuden a preparar platos sencillos. De esta manera ellos se sentirán integrados en la dinámica familiar al mismo tiempo que aprenderán nociones muy importantes para descubrir y disfrutar el arte culinario. Conviene descartar todos aquellos platos que necesiten ir al fuego o que requieran una preparación muy complicada. Los platos ideales son los bocadillos y las ensaladas, pero también nos pueden ayudar a preparar platos sencillos que vayan al horno, siempre y cuando ellos no lo manipulen y estén bajo la supervisión de un adulto. La utilización de cuchillos, ralladores, peladores y demás también deberá estar controlada por algún mayor. A continuación proponemos algunos platos sencillos que pueden realizar perfectamente los pequeños *chefs*.

ENSALADA BLANCA

INGREDIENTES: maíz de bote, piña de bote, queso Gouda, manzanas Golden y mahonesa de bote.

PREPARACIÓN: se cortan todos los ingredientes en trocitos pequeños (excepto el maíz) y se ponen en una ensaladera. A continuación se añade la mahonesa y se remueve todo. La ensalada blanca ya está lista para servir.

PIZZETAS CASERAS

INGREDIENTES: pan de molde, aceite, tomates, queso, aceitunas negras y orégano.

PREPARACIÓN: forramos una bandeja que pueda ir al horno con papel de aluminio y colocamos encima las rebanadas de pan a las que habremos puesto un chorrito de aceite por ambas caras. Cortamos el tomate a rodajas y colocamos una o dos en cada rebanada. Encima ponemos el queso y las aceitunas negras (a las que habremos quitado el hueso). Se echa un poco de orégano por encima y ya están listas para ir al horno. Este último paso lo tendrá que realizar un adulto.

MACEDONIA

INGREDIENTES: manzanas, plátanos, fresas y naranjas.

PREPARACIÓN: se lavan bien las fresas enteras y luego se les cortan los restos del tallo y se cortan en trocitos pequeños; se pelan las manzanas y los plátanos y se cortan también en trozos no muy grandes. Se rocía todo con el zumo de una naranja y se pone en la nevera hasta la hora de servir.

198. Señor Patata

• **Preparación:** se necesitan patatas de diferentes tamaños, un pelador, palillos y plastelina.
• **Finalidad de la actividad:** divertirse con la manipulación de alimentos.
• **¿Cómo se hace?:** con el consentimiento de mamá para estropear algunas patatas se puede hacer una divertida familia de tubérculos. Con ayuda del pelador le quitamos la piel a la patata. A continuación modelamos con la plastelina las partes del cuerpo y los complementos que queramos añadirle, por ejemplo la nariz, las orejas, los brazos, una pajarita, un sombrero, etc. Cortamos los palillos y los clavamos en el lugar en que queramos colocar un trozo de plastelina para que ésta se sujete bien, dándole así la forma y expresión definitiva. Utilizaremos las patatas de mayor tamaño para modelar a los padres de familia y las de menor tamaño para crear a los más pequeños: ¡la familia Patata al completo!

199. Collares de pasta

• **Preparación:** se necesitan pasta de sopa agujereada, pinturas, hilo un poco resistente o de nailon, aguja y una sartén.

• **Finalidad de la actividad:** desarrollar la creatividad y la destreza manual.

• **¿Cómo se hace?:** esta actividad requiere la supervisión de un adulto ya que se ha de manipular el fogón de la cocina. En una sartén esparcimos algunos granos de pasta de sopa agujereada, preferiblemente la que tiene forma cilíndrica, y los calentamos a fuego muy lento. Con una cuchara de madera vamos removiendo la pasta para que se tueste por todos los lados. Si queremos que adquiera una tonalidad más oscura la dejamos más rato al fuego; si preferimos que haya algún grano más claro, lo sacamos antes de la sartén. Cuando tenemos la pasta tostada, apagamos el fuego y dejamos que se enfríe. Mientras tanto podemos pintar con uno o varios colores otros granos de pasta cruda. Una vez esté lista toda la pasta, enhebramos el hilo en la aguja y pasamos los granos, combinando los que están pintados con los que están tostados. Cuando tengamos la medida de collar deseada se hace un nudo en el collar y ya está listo para ponérselo. Si el collar es muy corto, en vez de nudo tendremos que poner un cierre de los que venden en las tiendas de abalorios para que sea más fácil su colocación.

• **Consejo:** hay que tener cuidado de no mojar el collar con agua ya que, dependiendo del tipo de pinturas utilizado, puede desteñir.

200. El rico collage

• **Preparación:** hay que seleccionar diferentes alimentos que no se estropeen fácilmente, como granos de arroz o de café, lentejas, laurel, pasta, etc. Además se necesitan una cartulina, rotuladores y pegamento líquido.

• **Finalidad de la actividad:** familiarizarse con las diferentes texturas y tamaños de los alimentos, y descubrir nuevos materiales artísticos.

• **¿Cómo se hace?:** esta actividad consiste en hacer un cuadro con un material muy especial: la comida. Con los rotuladores perfilamos en la cartulina el contorno de la figura que queramos destacar sobre el fondo. Es preferible empezar con dibujos de trazos gruesos y a medida que se domina la técnica incorporar más detalles. Una vez hecho el dibujo, se pone el pegamento en una parte concreta y se cubre con el material elegido, por ejemplo con el arroz. Es importante que el pegamento esté bien extendido y que pongamos bastantes granos encima, ya que los alimentos son difíciles de pegar y muchos de ellos se desprenderán con facilidad. Seguimos el mismo procedimiento con todas las partes, hasta completar la figura principal del dibujo que podemos combinar con un fondo pintado o incluso con otros materiales como tela o papel.

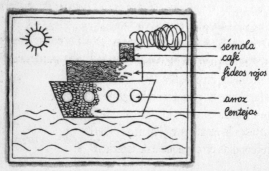

201. Pistas sabrosas

• **Preparación:** este juego requiere una preparación que correrá a cargo del director del juego. Pero para ello únicamente necesitará papel y algo para escribir.

• **Finalidad del juego:** aprender a distinguir las cualidades de los alimentos.

• **¿Cómo se juega?:** se trata de una especie de ginkana casera en la que los niños tienen que encontrar el tesoro a través de las pistas que el director del juego va dejando por la cocina. El premio lo elige el director del juego sin que los niños lo sepan, pero tiene que ser algo que les guste mucho a los pequeños para que éstos estén más motivados a descubrirlo (helados, quesos, galletas especiales, pizzas... cualquier cosa que sea de su agrado). Asimismo conviene poner un cartel o un lazo en el premio para que los niños lo puedan identificar enseguida. El director deberá escribir en tiras pequeñas de papel diferentes mensajes relacionados con los alimentos y sus cualidades y propiedades, que esconderá en los lugares correspondientes. Una pista deberá conducir a otra y así sucesivamente hasta llegar al premio final.

• **Ejemplo:** las pistas pueden ser del tipo:

«La primera pista está en un alimento muy dulce»
(escondida en el bote del azúcar)
«Si no encuentras otra pista no te pongas nervioso»
(escondida en el café)
«La siguiente pista está rodeada de vitamina C»
(escondida entre los kiwis)
«Busca la pista entre el hierro»
(escondida en el paquete de lentejas)

«¿Conservas todas las pistas?»
(escondida en la base de un bote de conservas)
«La siguiente pista te dejará helado»
(escondida en el congelador donde estará el premio, que
es un helado para cada niño)

202. Planta un aguacate

• **Preparación:** se necesitan un hueso de aguacate, un vaso con
agua, palillos y un clavo o algo punzante.

• **Finalidad de la actividad:** reforzar los vínculos del niño con
la naturaleza.

• **¿Cómo se hace?:** cuando hayamos utilizado un aguacate para
preparar alguna ensalada o alguna sopa, en lugar de tirar el hueso a la basura podemos recuperarlo y animar a nuestros hijos a
que lo planten. Lo primero que hay que hacer es lavar bien con
agua el hueso y hacerle tres agujeros con el clavo en uno de los
extremos. En esos agujeros introduciremos tres palillos, que fijaremos bien. En el vaso ponemos agua y colocamos el aguacate
sobre los palillos, de manera que la base quede en remojo.
Colocamos el vaso cerca de la luz natural y esperamos unos días.
Pasado ese tiempo, empezará a crecer una pequeña raíz por la
base y un pequeño brote por la parte superior del hueso. Cuando
las raíces sean un poco consistentes conviene traspasarlo a un
tiesto con tierra. También es conveniente podar las ramitas que
salen para que crezcan con más fuerza. Al cabo de unas semanas
empezará a crecer el arbolito del aguacate que, pasado un tiempo, habrá que volver a traspasar a un terreno que le permita crecer sin problema.

203. Arroz y café

• **Preparación:** una bolsa, granos de arroz, granos de café, garbanzos crudos, pasta de sopa gorda, pistachos, lentejas, etc., y un pañuelo para vendar los ojos.
• **Finalidad de la actividad:** ejercitar el sentido del tacto.
• **¿Cómo se juega?:** en una bolsa de plástico opaca se mezclan todos los alimentos que hayamos escogido: los granos de café con los de arroz, los garbanzos, los pistachos, las avellanas, etc. El niño con los ojos vendados deberá meter la mano dentro de la bolsa, adivinar mediante el tacto de qué alimento se trata y clasificarlos por grupos. En el caso de que no sepa qué es lo que está tocando puede hacer preguntas a los demás niños, que únicamente podrán responder con «sí» o «no». Lógicamente las preguntas tendrán relación con las propiedades del alimento y la forma de prepararlo.
• **Ejemplo:** las preguntas serían del tipo:

«¿Se puede comer crudo?»
«¿Es un alimento típico de invierno?»
«¿Se toma como aperitivo?»
«¿Se utiliza en el cocido?»

204. Insonorizar una habitación

• **Preparación:** se necesitan muchas hueveras de cartón y pinturas.
• **Finalidad de la actividad:** desarrollar la creatividad y familiarizarse con materiales diferentes.

• **¿Cómo se hace?:** para insonorizar una habitación en la que los niños tengan por ejemplo instrumentos musicales o en la que jueguen a «grito pelado», podemos recurrir al tradicional corcho para recubrir las paredes. Pero también podemos insonorizarla de una manera mucho más original y divertida: con hueveras de cartón. La particular forma de las hueveras amortigua las vibraciones sonoras de una manera muy efectiva. Lo único que tenemos que hacer es decorarlas a nuestro gusto y engancharlas con chinchetas, o mejor con una goma adhesiva especial, en las paredes de la habitación. Cuantas más hueveras haya, menos sonido se filtrará a través de las paredes.

205. Decorativas botellas

• **Preparación:** se necesitan una botella de cristal bonita, un corcho, un embudo y diferentes tipos de alimentos (sémola, arroz blanco, arroz integral, lentejas, fideos rojos, etc.).

• **Finalidad de la actividad:** desarrollar la creatividad y utilizar materiales diferentes.

• **¿Cómo se hace?:** esta actividad es muy sencilla de realizar y el resultado es realmente decorativo. Lo primero que hay que hacer es lavar y secar bien una botella de cristal vacía que sea bonita (de aceite o de vino). Botella que rellenaremos con los distintos alimentos. Si el cuello de la botella es estrecho utilizaremos el embudo para introducir por él los diferentes materiales. Empezaremos, por ejemplo, poniendo una capa de sémola de unos dos centímetros aproximadamente (depende del tamaño de la botella), con especial cuidado en que la superficie de la capa sea homogénea. Encima pondremos, por ejemplo, otra capa (del mismo grosor) de lentejas, otra de arroz blanco, otra de fideos rojos, otra de arroz integral, etc. Así hasta completar toda la botella, cuello incluido. Cuando la botella esté llena, la taparemos con el corcho y ya estará lista para adornar cualquier estantería de la cocina.

• **Consejo:** si los niños son pequeños, en lugar de utilizar una botella de cuello estrecho, se puede usar un bote transparente de cuello ancho. Y si no encontramos un corcho a la medida, se puede tapar con un trozo de tela sujeto por una goma elástica.

ÍNDICE

Aprenda todo lo necesario para conseguir que sus hijos reciban la mejor educación posible en un entorno sano y feliz

- Cómo explicar a un niño la llegada de un nuevo hermanito.
- Qué hacer si su hijo se sigue orinando en la cama.
- Cómo moldear su comportamiento social sin condicionar su personalidad.
- Cómo explicar al niño la muerte de un ser querido.
- Cómo actuar con los hijos en caso de divorcio.

Una compilación de los comportamientos y las actitudes más apropiadas para llevar a cabo los pactos y convenios más ventajosos

- Cómo aprender a llevar las negociaciones.
- Formas sencillas para aprender a elaborar una estrategia con método y seguridad.
- Cómo establecer el momento adecuado para avanzar en la negociación, ceder terreno o exigir contrapartidas.

Un compendio de técnicas, materiales e ingredientes de gran utilidad para facilitar el trabajo en la cocina

- Cómo preparar deliciosos primeros platos con pocos ingredientes.
- Los materiales imprescindibles que jamás deben faltar en una cocina.
- Una selección de las principales frutas y verduras y sus propiedades nutricionales.
- Técnicas para confeccionar menús diarios con un mínimo gasto económico.
- Cómo preparar comidas especiales para imprevistos o invitados ocasionales.

Domina todas las claves imprescindibles
sobre la elaboración y presentación de cócteles.

- Cómo preparar y servir los cócteles
  más conocidos en nuestra cultura social.
- Los orígenes y evolución de las mezclas
  a lo largo de la historia.
- Consejos para disponer de un bar
  perfectamente surtido en tu propia casa.
- Conocer los utensilios más adecuados
  para la elaboración de cada mezcla.
- Los tipos de copas o vasos apropiados
  a cada cóctel.

El nombre no sólo nos identifica, sino también
nos proporciona una personalidad única.

Aprende a superar todos tus temores
y a dominar los resortes necesarios
para captar la atención de la audiencia.

- Cuáles son las cualidades de un buen orador.
- Cómo adaptar tu discurso a las circunstancias
  (lugar, posición ante el público, horario...).
- Actitudes que debe adoptar el orador en función
  del tipo de público.

- La etimología, historia y características
  de cada nombre.
- Una relación completa de nombres con sus
  respectivas onomásticas.
- La influencia de la numerología aplicada
  a los nombres de personas.
- Por qué la elección de un determinado nombre
  condiciona nuestro carácter.
- Conocer numerológicamente qué valor final
  resulta de sumar nombre y apellidos.
- Descubrir el simbolismo que tradicionalmente
  se ha otorgado a cada nombre.

Anthony Avery

IDEAS Y TRUCOS

PARA EL HOGAR

Consejos y soluciones prácticas para la decoración, el mantenimiento y todos los problemas que se pueden presentar en su hogar

Resuelve todas las cuestiones de la decoración de tu vivienda, así como los pequeños problemas e imprevistos que surjan en el hogar

- Las mejores soluciones para decorar y amueblar todos los espacios de tu vivienda.
- Los estilos que mejor pueden adaptarse a tus posibilidades y a tu forma de vida.
- Cómo conservar en perfectas condiciones los distintos revestimientos de tu hogar (pintura, estucados, pavimentos, parquet...).
- Cómo eliminar las manchas más difíciles en superficies generales y en tejidos.

Robert Serre

IDEAS Y

TRUCOS

PARA COMPORTARSE SOCIALMENTE

Guía práctica de las buenas maneras y del saber estar en los tiempos actuales.

Conoce las claves esenciales para comportarte con corrección y elegancia en cualquier situación de la vida social moderna.

- Cómo cultivar una imagen elegante y distinguida
- Aprender a escoger la indumentaria adecuada a cada ocasión.
- Claves para realizar con total corrección presentaciones, saludos y despedidas.
- Cuáles son las cualidades del perfecto anfitrión.

Penelope Doy

IDEAS Y

TRUCOS

DE BELLEZA

Consejos y soluciones prácticas para estar siempre atractiva.

Descubre los trucos y consejos necesarios para ofrecer en todo momento una imagen atractiva.

- Métodos para elaborar tus propios cosméticos a partir de productos naturales.
- Cómo conseguir una piel sana, eliminando los problemas de impurezas y arrugas.
- Los mejores sistemas para combatir y evitar defectos como las estrías o la celulitis.
- Conocer las ventajas de las diversas clases de baños tonificantes.
- Qué tipo de cosmético se adapta mejor a las distintas zonas de tu cuerpo.
- Cuidados esenciales para potenciar el atractivo de cabellos, manos y senos.

Un compendio de consejos prácticos para que nuestros animales de compañía crezcan sanos y felices.

- Guía para conocer el aspecto y el carácter de las principales razas caninas y felinas.
- Cuáles son las mejores dietas alimenticias para nuestras mascotas.
- Consejos útiles sobre la salud y limpieza de los animales.
- En qué períodos debe vacunarse a las mascotas.
- Cuándo es realmente necesario acudir al veterinario.

Domina todos los recursos necesarios para mejorar tus técnicas de estudio y afrontar exámenes con éxito.

- Conocer el proceso y funcionamiento del cerebro.
- Ejercicios físicos y mentales para desarrollar las facultades de la mente.
- Métodos de preparación al acto de estudio: alimentación, masajes, relajación...

Resuelve todas las dudas sobre tu embarazo para hacer de esta etapa una de las más felices de tu vida.

- Conoce los cambios que experimenta tu cuerpo durante el embarazo.
- La alimentación y la medicación adecuadas para prevenir posibles complicaciones.
- Cuáles son las ventajas e inconvenientes de las pruebas médicas: ecografías, amniocentesis, etc.
- Cómo afrontar el gran momento del parto.
- Problemas que pueden surgir después del nacimiento.

*Una extraordinaria guía práctica
para enriquecer nuestra sexualidad*

- Cuáles son los juegos preliminares más excitantes.
- Descubra el potencial erótico de las principales zonas erógenas.
- Aprenda el valor de la comunicación fuera y dentro de la cama.
- Qué importancia tienen el tacto, el olfato y el gusto en la relación sexual.
- Cómo puede reavivarse la pasión y abandonarse la rutina.

*Métodos sencillos y prácticos para lograr planta[s]
flores durante todo el año*

- Para aprender a optimizar los sistemas de riego gastar agua inútilmente.
- Cómo cultivar flores y plantas verdes para mac[...] en pequeñas terrazas y balcones.
- Qué incidencia tienen la luz y la ventilación e[n] crecimiento de cada especie.

*Obtenga del modo más rápido, gráfico y directo
un amplio número de informaciones que le serán
de gran utilidad en su vida diaria*

- Cuáles son las principales unidades de medición y sus correspondencias.
- Cómo convertir pies a metros, millas a kilómetros o libras a kilogramos.
- Conozca las principales fórmulas matemáticas aplicables a la vida cotidiana.
- Datos de interés general sobre pesos, temperatura, velocidad y tiempo.